세계 속의 한국, 한국인

세계 속의 한국, 한국인

발행일   2020년 3월 4일

지은이   차윤
펴낸이   손형국
펴낸곳   (주)북랩
편집인   선일영   편집   강대건, 최예은, 최승헌, 김경무, 이예지
디자인   이현수, 김민하, 한수희, 김윤주, 허지혜   제작   박기성, 황동현, 구성우, 장홍석
마케팅   김회란, 박진관, 조하라, 장은별
출판등록 2004. 12. 1(제2012-000051호)
주소   서울특별시 금천구 가산디지털 1로 168, 우림라이온스밸리 B동 B113~114호, C동 B101호
홈페이지   www.book.co.kr
전화번호 (02)2026-5777   팩스   (02)2026-5747

ISBN   979-11-6539-093-8 03300 (종이책)   979-11-6539-094-5 05300 (전자책)

이 도서의 국립중앙도서관 출판예정도서목록(CIP)은 서지정보유통지원시스템 홈페이지(http://seoji.nl.go.kr)와
국가자료공동목록시스템(http://www.nl.go.kr/kolisnet)에서 이용하실 수 있습니다.
(CIP제어번호: CIP2020009122)

(주)북랩 성공출판의 파트너

북랩 홈페이지와 패밀리 사이트에서 다양한 출판 솔루션을 만나 보세요!

홈페이지 book.co.kr   •   **블로그** blog.naver.com/essaybook   •   **출판문의** book@book.co.kr

KOREA AND KOREANS IN A GLOBALIZING WORLD

세계 속의 한국, 한국인

차윤 칼럼집

북랩 book Lab

'글로벌 시대의 한국인'을 찾아서

김성곤(서울대 명예교수/미국 다트머스대 객원교수)

차윤 회장의 저서, 『세계 속의 한국, 한국인』을 관통하는 주제는 '글로벌화의 필요성', '국제사회에서 고립이 아닌 공존 추구', 그리고 '우리끼리가 아닌 타자에 대한 배려와 포용', 이 세 가지로 집약된다. 해군 장교, 해외 공관 공무원, 국내외 대학교수 그리고 국제 기업체 대표로 평생 외국인과 더불어 국제 무대에서 활동해 온 차 회장의 이 저서는, 제목 그대로 '세계 속의 한국, 한국인'을 지향하는 저자의 국제적 안목과 열린 태도와 글로벌 마인드를 잘 보여 주고 있는 주목할 만한 책이다.

사실, '세계 속의 한국, 한국인'이 되려면 위 세 가지는 필수적이다. 그런데 유감스럽게도 우리는 그 세 가지 덕목을 심각하게 결여하고 있다고 저자는 지적한다. 과연

4

우리는 21세기에 살면서도 아직도 세계화를 거부하고 부족주의에 경도되어 국제사회에서 고립되어 있고, 타자에 대한 배려와 포용보다는 '우리끼리'를 주장하는 편협한 민족주의를 극복하지 못하고 있다. 그러나 진정한 선진국이 되려면, 문화비평가 레슬리 피들러(Leslie Fiedler)의 말처럼, "경계를 넘고 간극을 넘어(Cross the Border, Close the Gap)" 지구촌의 일원이 되어야만 할 것이다. 저자가 지적하는 대로, 우리가 경제 규모 세계 10위권으로 잘 살게 된 것도, 우리가 잘나서라기보다는 다른 나라들의 도움 덕분이기 때문이다.

이 책의 제1장 '우리의 모습과 그들의 시선'에서 저자는 우리를 바라보는 외국인의 시선과 평가를 통해 세계에 비치고 있는 우리의 모습을 보며 잘못된 이미지는 고쳐 나가자고 말한다. 예컨대 국제사회에서는 금기에 속하지만 우리 사회에서는 너무나 관대한 것들 — 거짓말, 커닝, 표절, 위증, 무고, 무례, 인종적 편견, 술에 취해 벌이는 시비, 큰소리로 악쓰기, 무조건 떼쓰기, 충동적인 감정 폭발 같은 것들 — 은 외국인이 보는 한국인의 어두운 모습인데, 이제는 그런 부정적 이미지를 고쳐 나가자는 것이다. 사실, 외국인들은 우리가 보지 못하는 것들도 보기 때문에, 그들의 의견을 성찰하여 우리의 부정적 이미지를 수정하는 것은 시급하고 바람직하다. 저자는 우리가 이미지 관리를 하지 않으면, 외국인들 사이에 혐한 감정이 생겨나게 된다고 말한다. 과연 일본과 중국의 혐한 감정은 이미 우려할 만한 수준이며, 우리 사회에 팽배한 비합리적인 반미주의는 자칫 동맹 국가인 미국에서도 혐한 감정을 불러일으킬 수 있다. 그렇게 되면 한국은 국제사회에서 외면받고 고립될 것이다. 그래서 저자는 '혐한'은 외국인의 잘못이 아니라, 우리 자신의 책임이라고 말한다.

이 책의 제1장만 읽는 독자들은 『세계 속의 한국, 한국인』을 자칫 한국인의 부정적인 측면만 지적하는 책으로 오해할 수가 있다. 그러나 제2장 '국제화 시대의 애국관'에서 저자는 한국의 미래를 위한 긍정적인 제안들을 제시하고 있고, 제3장 '더 빛나는 대한민국'에서는 세계 어디에 내어놓아도 자랑스러운 한국인들과의 만남과 일화를 소개하고 있다. 그리고 제4장 '그때의 감동이 미수(米壽)에도'에서는 어려웠던 한국의 근대사를 살면서 저자가 경험했던 감동적인 과거의 추억을 기록하고 있다. 한국인의 장점과 단점을 아우르며, 세계라는 보다 더 큰 그림 속에서 한국을 바라보고, 앞으로 한국이 나아가야 할 길을 예시해 주고 있는 이 책은 그런 의미에서 모든 한국인들의 필독서라고 할 수 있다. 특히 젊은이들은 이 책을 읽으며, 국경을 넘어 세계로 뻗어나가는 글로벌 시민이 되는 방법을 배울 수 있다.

『세계 속의 한국, 한국인』을 읽는 즐거움 중의 하나는, 이 책의 도처에서 만나게 되는 저자의 예리한 통찰과 탁월한 혜안이다. 과연, 이 책을 읽으며 독자들은 저자의 탁견에 저절로 무릎을 치게 된다. 그것은 저자가 젊은 시절의 상당 기간을 해외에서 살았으며, 국내에서도 다양한 외국인들과 교류하며 지냈기 때문에 가능한 것이다. 저자가 한국인의 단점과 한국 사회의 문제점을 과감히 지적하는 것도, 사실은 그런 것들로 인해 한국의 이미지가 나빠지고, 한국이 세계적인 반열에 들지 못하는 것을 안타까워하기 때문이다.

그래서 독자들은 이 책을 읽으며 저자의 정확한 판단과 설득력 있는 지적에 절로 고개를 끄덕이게 된다. 예컨대 저자는 한국인들이 애국심과 민족주의를 착각한다고 지적해서 우리의 잘못된 인식을 깨우쳐 준다. 애국심이란 스스로 자기 나라를 사랑하는 마음이 우러나서 목숨을 바쳐서라도 지킬 만한 가치가 있다고 생각할 때 저절로 생겨나는 것인데, 우리는 정부가 권력의 유지를 위해 국민에게 애국심을 강요하고 있어서 왜곡된 애국심이 편재해 있다는 것이다. 예컨대 외국과의 마찰이 생기면 정부나 학교가 나서서 그 나라 상품의 불매 운동을 부추기고 혐오감을 조성하며, 그것을 비판하면 매국노로 매도하는 것이 그 대표적인 예일 것이다. 저자는 그런 것은 진정한 애국심이 아니라, 극단적인 민족주의일 뿐이라고 비판한다. 그리고 지금 우리에게 절실하게 필요한 것은 '우리끼리'를 앞세우는 왜곡되고 편협한 애국심이 아니라, 세계 속에서 우리를 바라보고 다른 나라와 평화롭게 공존하는 글로벌리즘이라고 말한다.

저자는 또 우리에게 부족한 것으로 남에 대한 배려를 꼽는다. 예컨대 다른 나라에서 운전해 본 사람은 한국의 운전자들이 얼마나 무례하고 이기적인가를 잘 안다. 물론 간혹 양보를 잘하는 점잖은 운전자도 있지만, 보복운전을 하거나 차에서 내려 욕설을 퍼붓는 난폭한 사람도 많기 때문이다. 그렇다면 한국인이 자랑하는 정(情)은 어디로 간 것인가? 유감스럽게도 우리의 정은 우리 패거리에게만 주는 것이지, 거리에서 만나는 모르는 사람이나 우리 편이 아닌 사람과는 별 상관이 없다. 또 찾아온 손주들에게 억지로 뭘 먹이려 드는 시골 할머니처럼, 싫다는데도 강권하는 것을 우리는 정으로 착각하기도 한다.

『세계 속의 한국, 한국인』에서 저자는 한 나라의 국력은 교육에서 온다고 말한다. 그런데 불행히도 우리의 교육은 총체적인 실패라는 평을 받는다. 교육의 실제 목적이 수능에서 높은 점수를 받고 대학에 들어가는 것이기 때문이다. 만일 그런 것이 교육이라면 학교보다는 학원이 훨씬 더 낫다. 그래서 학생들은 학교 수업 시간에는 엎드려 잠을 자고, 공부나 진학 상담은 학원에서 한다. 그렇다면 도대체 학교가 왜 필요한가 하는 의문이 들게 된다. 그런데도 정부는 자사고를 비롯한 좋은 학교를 모두 폐지하고, 전부 일반고도 전환하겠다고 하니, 현실과는 너무나 동떨어진 그 사고방식이 그저 한심할 뿐이다.

저자는 우리의 영어 교육도 실패라고 지적한다. 10년 넘게 영어를 배웠으면서도 원어민과 인사도 나누지 못하고, 일상 대화도 제대로 못 알아듣는다면 그건 실패한 영어 교육이라는 것이다. 맞는 말이다. 문법 위주 영어교육은 오직 수능 시험을 위한 것이다. 그래서 하루속히 문법 교육에서 생활 영어 교육으로 바뀌어야 하지만, 한국의 실정에서는 그게 불가능하다는 데 문제가 있다. 만일 수능 영어 시험을 말하기와 듣기로 바꾼다면 우리의 젊은이들이 삽시간에 영어회화의 달인이 되겠지만, 채점의 주관성 때문에 시비의 대상이 될 수가 있어서 그건 실현 불가능한 꿈일 뿐이다.

한국의 교육은 또 특정 이념에 경도된 교사들에 의해 좌지우지되고 있어서, 아직 미성년자인 학생들이 자기도 모르는 사이에 정치 이데올로기에 세뇌되기 쉽다. 한국인들이 글로벌하지 못하고, 민족주의에 경도되어 있는 이유 중 하나도 어쩌면 교육의 이념화·정치화 때문일 것이다. 그런데 우리는 미성년자에게는 절대 특정 정치 이념을 주입하면 안 된다는 기본적인 상식을 잘 모르고 있다. 그래서 학교뿐 아니라, 심지어는 데모 현장에서도 우리는 별생각 없이 아이들을 동원하고 이용하고 있다.

교육의 실패는 곧 암울한 미래와도 직결된다. 이 책의 저자는 학교에서 제대로 가르치지 않기 때문에, 대다수의 한국인들은 한국전쟁에 별 관심이 없고, 따라서 6·25는 이미 오래전에 잊힌 전쟁이 되었다고 말한다. 한국전쟁에 참전해 목숨을 바쳐 우리를 구해 준 나라들은 아직도 한국전쟁을 잊지 못하고 있는데, 막상 당사자인 우리가 기억하지 못하고 있다면, 그들의 눈에 비친 한국은 참으로 한심한 나라일 것이다. 만일, 제2의 한국전쟁이 일어난다면 그 어느 나라가 와서 우리를 도와주려고 하겠는가? 우리의 짧은 기억력도 문제지만, 교육의 실패도 큰 문제가 아닐 수 없다.

『세계 속의 한국, 한국인』에서 저자는 세계를 이끌어 가는 글로벌 리더가 되는 조건으로 투명성, 공정성, 효율성, 책임감, 포용성을 들고 있다. 그런데 유감스럽게도 우리는 그 다섯 가지를 모두 결여하고 있는 것 같아서 당혹스럽다. 저자는 미국을 신랄하게 비판하는 일본 기자에 대한 주일 미국 대사의 답변에서 미국의 장점인 관용성을 발견한다. 우리는 외국인이 우리를 비판하면 참지 못하고 격렬하게 반발하기 쉬운데, 미국은 그걸 감싸 안는 포용성을 갖고 있기 때문에 세계의 리더가 될 수 있다는 것이다.

저자는 또 국제 사회에서 한국인의 비사교성과 매너도 지적한다. 서양 파티에서는 모르는 사람들과 뒤섞이면서 서로를 알아가게 되는데, 한국인들은 아는 사람을 하나 찾아서 그 사람하고만 이야기한다는 것이다. 40여 년 전 내가 뉴욕주립대학교에 박사 공부를 하러 갔을 때, 먼저 가 있던 선배들이 학과의 신입생 환영 파티는 와인 한 잔 들고 계속 돌아다녀야 해서 재미가 없으니 가지 말라고 충고했지만, 나는 기꺼이 가서 어울리면서 많은 미국 친구들을 사귀었던 기억이 난다.

이 책의 후반부에는 저자가 겪은 일화들이 등장하는데, 거기에도 심오한 의미들이 들어 있다. 예컨대 27년 동안이나 버리지 않고 사용한 냉장고 이야기가 특히 감동적이었던 이유는, 한국인들은 자기가 필요할 때는 그렇게 잘 대해 주다가도, 이용 가치가 없어지면 그 순간 가차 없이 버린다는 평을 받고 있기 때문이다. '달면 삼키고 쓰면 뱉는다'라는 우리 속담도 그래서 생겼는지도 모른다. 우리 사회에서 나이가 들어서도 권좌에서 내려오지 않으려고 하는 이유 중 하나도 어쩌면 권력을 놓는 순간 당하는 외면과 배신이 싫어서일 수도 있다. 하지만 배신과 의리 없는 태도는 국제 사회에서는 용납되지 않는다.

『세계 속의 한국, 한국인』의 마지막 장에는 이제는 90대의 노인이 된 예전의 일본인 은사를 저자가 나가사키로 찾아갔던 일화가 실려 있다. 사람은 모름지기 이렇게 예전에 입은 은혜를 잊지 않아야만 한다. 가와구치 선생님은 자신을 찾아온 옛 한국인 제자를 반갑게 맞으며, 점령국의 교사였던 자신을 원망하지 않고 오히려 찾아와 준 것에 대해 감동한다. 이 일화는 우리가 한국인의 장점을 살리면, 외국인들에게 한국에 대한 좋은 인상을 심어 주고 감동을 줄 수도 있다는 것을 시사해 주고 있다.

차윤 회장은 진정한 '글로벌 시대의 한국인'이다. 그렇기 때문에 그의 저서는 독자들에게 한국인이면서 동시에 세계인이 되는 방법을 가르쳐 준다. 우리는 먼저 자랑스러운 한국인이 된 후, 세계를 가슴에 품는 바람직한 세계의 시민이 되어야 할 것이다. 『세계 속의 한국, 한국인』은 바로 그렇게 할 수 있는 정도와 첩경을 가르쳐 주는 소중한 이정표이자, 올바른 방향으로 이 시대를 이끌어 주는 빛나는 안내 성좌이다.

2003년 무렵부터 나는 《월간조선》 온라인에 '차윤의 글로벌 컬처' 제하로 칼럼을 써 약 150여 편을 쓰기에 이르렀다. 그동안 나는 해군 생활 15년, 공무원 생활 15년, 국내외 대학에서 교수 생활 10여 년, 그리고 국제 기업체에 종사했던 다년간 주로 외국인과 접촉하거나 국제 관계를 다루는 일을 해 왔다. 그러다 보니 외국인들의 생활 문화 양식과 우리의 그것을 자연스럽게 비교하게 되었다. 이국 문화 간 소통의 녹록지 않은 문제 속에서 우리 국익에 도움이 되고자 종횡무진 설쳤으나 힘에 부치는 중압감이 있었는가 하면, 꼬인 문제가 해결되었을 때의 보람과 자부심도 적지 않았다. 동시에 문화의 이질감에서 느끼는 자괴감, 애타는 심정, 부러움 등이 겹친

남다른 삶을 살아왔다.

국제 무대에서의 나의 경험과 열정과 후회가 범벅이 된 칼럼을 독자들은 칭찬과 감동의 박수를 쳐 주기도 하고, 어떤 이는 '우리나라 사람이 너무 우리를 깔아 내린다, 우리 문화의 좋은 것도 좀 많나'와 같은 따가운 비판도 쏟아냈다. 외국과의 문화적 갈등의 위기 속에서 화해의 중재자로서 마음 졸인 것에 못지않게 독자들의 비수에 잠을 뒤척인 나날이었다. 그래서 일찍이 머리카락이 다 빠져 대머리가 되었나 하고 엄살을 떨어 본다.

하지만 용기를 내자. 출판을 권유하는 지인들은 날이 갈수록 집대성의 필요성과 역사적 가치를 운운하며 우리가 처해 있는 현실을 환기시켜 다음 세대에게 전해야 된다고 격려한다. 그래, 이 나이에 까짓 독설쯤이야. 오직 우리나라가 잘되고, 후세들에게 도움이 되는 일이 있다면 무엇이나 바치고 싶은 나의 붉은 마음을 스스로 확인했으니 말이다.

이 책의 주제는 다음 세 가지이다.

첫째, 세계화를 '미국화'나 '유로화'처럼 보는 것은 잘못이다. 그 참뜻은 인류 사회의 다양성을 인지하고 존중하는 데 있다. 인종, 민족, 종교, 문화 간의 장벽을 허물고 다 같이 살 수 있는 환경을 만들자는 데 있다.

둘째, 인간 최대의 불행은 고립화, 즉 왕따를 당하는 것이다. 남이 싫어하는 것을 계속한다거나 자기 멋대로만 살려고 할 때 고립된다. 오늘날 북한이 고립의 극한으로 치닫고 있다. 한때 우리나라는 '독고성 국가(Hermit Nation)'라고 불리었다. 최근 우리나라는 동맹국이나 주변국으로부터 '독고성 국가'로 되돌아가려고 하고 있다. 이 시점에서 민족공존이란 이름으로 대한민국도 고립 지향으로 되어 가고 있지 않나 싶다. 이 글은 우리의 처지를 살피고 국제 사회에서 고립화의 길에서 벗어나기 위해 쓴 글이다.

셋째, 무엇을 어떻게 가르치고 훈련해야 선진국 국민이 될 수 있을까 하는 의문이다. 나와 우리 가족, 우리 민족, 우리나라 등 우리의 유익만 구하는 가치관, 생활 태도에서 벗어나, 이제는 남의 기분, 남의 편의, 남의 안녕 등 남을 앞세울 때 오히려 우리에게 유익이 돌아오는 오묘한 진리를, 가정에서 학교에서 직장에서 가르치고 보여 줘야 한다는 것이다.

이 책이 나오기까지 많은 분의 격려와 조언이 있었다. 해묵어 바짝 마른 북어쯤을 국물이 푹 우러난 진국으로

16

만들어 주기까지 말이다. 늘 스스로 무명 작가라 말하지만, 내가 보기에는 누구보다 애국심이 강해서 '우리 문화의 자부심'을 제대로 후손들에게 알리려고 애쓰는 박한나 선생에게 감사함을 표한다. 또한 해묵은 원고 뭉치에 먼지를 쓸어내고 다듬어 주며 원고 교정에 수고를 거듭한 북랩 출판사 여러분께 감사를 드린다.

한평생 열심히 살아왔다. 오늘이 있기까지 하늘에 계신 영육 간의 부모님께 모쪼록 그 모든 영광과 감사를 올린다. 그리고 소망컨대, 나의 부족한 글이나마 세계 무대를 누빌 호연지기의 젊은이들에게 그 한 줄기 빛이 되기를 간절히 바라 본다.

이 책이 나오게 된 과정에서 연로한 남편의 고정관념과 편견에 대하여 냉철한 비평가가 되어 준 내 아내와 마음의 안정과 용기를 북돋워 주고 젊은 세대의 입장에서서 필요한 충언을 해 준 내 딸 차유정에게도 고마웠다고 말해 주고 싶다.

2020년 봄이 오는 길목에서
차윤

차 / 례

추천사   4

머리글   14

제1장

우리의 모습과   그래도 한국이 좋은걸요!   24
그들의 시선
                          이불 속에서 부르는 만세   29

                          우리의 정직성은 몇 근인가?   38

                          세계가 경탄하는 '코리안 미스터리'   49

                          어느 외국인이 겪은 한국 경찰   58

                          우리의 대외 이미지, 어찌할꼬?   69

                          순위 경쟁에 광분하는 대학들   78

제2장
국제화 시대의 애국관

6·25 전쟁 참전 용사의 눈물	88
"You Made My Day!"	95
무엇이 애국이고 누가 애국자인가	103
눈치로 살고 죽는 한국인	111
국제화의 선구자 싱가포르 이야기	118
잘못된 영어가 빚어낸 나라 망신	126
내 눈에 비친 미국의 저력	134
공공장소에서 남을 배려하는 자녀 교육	139
칵테일파티에서의 지혜로운 처신	144

제3장
더 빛나는 대한민국

꿈을 가진 자가 승리한다	154
세계를 놀라게 한 큰절	161
한국의 우먼 파워	168
가수 이문세가 보여준 통합의 장	176
해병다운 해병이 되고파서	184
손원일 제독 탄신 100주년을 맞이하면서	192
한국을 빛낸 '섬기는 지도자' 이필섭 대장	196

제4장

그때의 감동이
미수(米壽)에도

그 선생님이 보고 싶다   208

잊지 못할 은사를 찾아서 1   217

잊지 못할 은사를 찾아서 2   225

범세계적 합창 운동을 꿈꾼다   235

"먼저 한국인이 되고 볼래요"   243

10살짜리가 이룬 운동장의 태극기   250

동대문 시장에서 만난 우리의 한국   256

사람 울린 낡은 냉상고   262

옛 동산을 잃어버린 노부부의 낭만   270

함병춘 박사와 나의 만남   274

제1장

우리의 모습과 그들의 시선

그래도 한국이 좋은걸요!

'남들이 우리를 어떻게 보고 있는가'에 대해 신경을 쓰고 살지 않으면 자칫 국제 사회에서 고립될 수 있고 이제 고립되면 우리의 살길은 없다는 취지로 이 칼럼을 써오던 중 여러 가지 모양의 독자의 반응에 접할 수가 있었다. 국제화를 우리가 나아가야 할 필수적인 과정으로 느끼고 있는 대다수로부터 긍정적인 반응을 얻는 데는 큰 문제가 없었으나 일부 독자들은 외국인들의 다소 부정적인 한국관에 대해서 소위 '민족주의적 자존심'을 내세워 격한 반응을 보이기도 했다. 한편 이들 주한 외국인들이 명사(名士)나 전문가의 권위 있는 견해가 아니라고 해서 무시하거나 문제 삼을 필요조차 없다는 반응도 있었다.

객관적인 견해 받아들여야

그러나 필자의 견해는 다르다. 국내 영문 일간지에 한국 또는 한국인관을 피력하는 평범한 외국인 기고가들이야말로 우리의 현실을 객관적으로 보고 각별한 관심과 때론 애정을 가지고 솔직한 견해를 표하고 있는 이들이라고 보는 것이다. 어떤 동기였건 간에 그 많은 나라 중에서 하필이면 한국을 찾아와서 1년 또는 그 이상의 기간 동안 우리들과 함께 쉽지 않은 생활을 몸소 체험한 사람들이란 점, 한국에 대한 관심이 얼마나 깊었으면 비판받을 것을 각오하고 글로 그들의 느낌을 용기 있게 공표했을까 하는 점 등을 감안할 때 그들의 관찰이나 소감이 다소 틀렸다고 하더라도 이를 여유 있게 받아들여 참고 또는 반성의 자료를 삼아야 할 시점에 우리가 와 있다고 보기 때문이다.

필자가 장기간에 걸쳐 수집해 온 주한 외국인들의 한국관을 살펴보면 다 부정적이거나 비판적인 것만이 있는 것은 아니다. 본국에 돌아가기 싫다는 어느 퇴역 군인의 애절한 고백이 있는가 하면 한국에 와서 처음으로 진실한 친구를 만나게 됐다는 미국인 변호사의 따스한 우정 이야기, 부지런하고 친절한 한국의 '아주머니'를 통해서 한국인의 '정'을 느끼게 되고 그래서 한국 생활이 무한히 즐겁다는 어느 비즈니스맨의 애틋한 사연, 시골 가는 기차 속에서 어느 할아버지로부터 삶은 계란을 건네 받아 먹으면서 본국에서는 도저히 경험하지 못하는 끈끈한 한국인의 인정을 맛보았다는 어느 유학생의 그림 같은 수기도 있었다. 그 밖에도 한글 예찬론, 가족 제도 칭송론, 한국 여성 예찬론, 심지어는 한국 음식 최고론까지 그 내용도 다양하다.

오래 있을수록 친한파

재미있는 것은 이들의 한국 체류 기간과 대한국인 호감도의 상관관계이다. 물론 정확한 통계는 될 수 없지만, 필자의 자료에 의하면 한국관이 부정적이거나 비판적인 외국인 대다수의 한국 체류 기간이 2년 이내로 비교적 짧은 기간인 데 비하여 호의적이고 긍정적인 내용의 글들은 대체로 2년 이상 장기간 체류한 외국인들에 의해서 쓰여지고 있다는 사실이다. 그러나 특이한 것은 5년 이상 이 나라에서 살고 있는 외국인들은 다시 비판적인 성향의 글을 쓰기 시작하는 경향이 있다. 그러나 내용에 있어서 자못 한국인과 공통 의식에서 출발한 우려와 애정이 마음 깊은 곳에 도사리고 있음을 감지할 수 있었다. 그중 한국 문제 해결을 위한 대안까지 내놓는 글들을 대하게 될 때면 그 내용의 타당성이나 효율성 여부를 떠나서 대견스럽고 고맙게 여겨지기도 했다.

'그래도 한국이 좋은걸요!'

《코리아 타임즈》에 게재된 바 있는 'Welcome Back, Korea' 제하의 윌리엄 베렛트 씨의 글을 소개하면서 이 글을 끝맺으려고 한다.

"영어 학원과의 1년 계약이 마감되어 본국으로 돌아가게 되었을 때, 나는 다시는 이 나라에 돌아오지 않으리라 맹세했다. 내가 겪을 수 있는 최악의 경우를 한국에서 다 경험했기 때문이다. 도둑이 들어와서 많지 않은 내 살림 도구와 가전제품을 몽땅 다 가져갔다. 질 나쁜 보건직 공무원의 미움을 사서 억울하게 누명을 써야 했다. 생활 환경은 열악했으며, 몇 번이고 금전적으로 배신당하고 그래서 실망하고 소외당하고 그리고 외국인 됨이 죄인 양 나는 고독해서 견딜 수가 없었다. 그래서 미련 없이 떠났다. 그런데 본국에 도착해서 몇 달 되지도 않았는데 한국이 그리워지기 시작했다. 한국에서 사귄 친구들이 보고 싶어졌다. 벌써 미국 생활에 지루함을 느끼고 있었다. 나의 가족, 친구, 고향의 거리, 빌딩, 나의 살던 집, 하다못해 가로수까지도 예전에 본 그대로 하나도 변함없이 그대로 있지 않는가. 한국 같으면 거의 매일처럼 무언가가 달라져 가고 있겠지 생각하니 궁금하기 짝이 없었다. 그리고 그러한 변화의 일부가 되고 싶어졌다. 결국 나는 한국에 다시 돌아왔다. 이제 깨달았지만 내가 진정 원하는 것 모두가 한국에 있었기 때문이었다. 돌아와 보니 놀랍게도 한국을 떠났던 친구들도 이미 다시 돌아와 있었다. 한국은 내게 진실한 우정이 무엇인지를 가르쳐주었다. 서로 도와주고 존중하며 곤경에 처했을 때 아무런 보상을 바라지 않고 달려와 도와주는 순수한 우정을 이 나라에서 체험할 수 있었다."

_ 2007년 2월 12일

이불 속에서 부르는 만세

《연합 뉴스》에 의하면 우리나라가 OECD 회원국 가운데서 세 번째로 세계화에 잘 대응하고 있는 나라로 평가됐다고 한다. 한국무역협회가 최근에 입수한 덴마크 산업연합회의 '글로벌 벤치마크 리포트 2008'에서는 한국이 스위스, 아이슬란드에 이어서 세계화 적응력에서 종합 3위에 올랐다고 한다. 우리나라가 특히 우수한 성적을 낸 분야는 '지식과 능력', '비용과 세제'로 각각 전체 1위를 차지했으며, '성장과 발전'은 전체 2위이고 '국제화 및 개방성' 항목에서 신흥 시장에 대한 수출이 1위에 올라 있다. 이쯤 되면 우리나라가 마치 선진국 대열에 이미 올라가 있는 것 같은 느낌을 준다. 그뿐인가. 한국은 이미 세계 제13위의 경제 대국이란 위치를 확보했고 지난 2008 베이징 올림픽 대회에서는 세계 제7위라는 놀라운 성과를 거두며 세계를 놀라게 했다.

실력은 있으나 미움받는 한국인?

그런데 어떻게 된 것인지 우리나라의 대외 이미지는 우리의 생각과는 달리 최하위에 머물고 있거나 오히려 하락하고 있으니 기가 막힐 노릇이다. 국가 브랜드 평가로 세계적인 권위를 자랑하는 안홀트 GMI가 한국의 이미지를 조사 대상국 38개국 중 32위로 낮추어 평가한 것이라든가 미국의 국가 이미지 조사 기관으로 유명한 East West Communications은 그래도 좀 낫게 보아서 한국의 국가 브랜드 가치를 세계 28위로 발표하고 있다. 한마디로 머리도 좋고 능력도 있고 잘 살기도 하는데 호감이 가는 국민이 아니라는 말도 되고 별로 가깝게 하고 싶지 않은 별난 사람들이라는 말도 될 수 있을 것이다. 그래도 한국 사람 마음 상할까 봐 '한국을 잘 몰라서 그러는 거'라면서 어떻게 하든지 한국을 세계 만방에 알리는 일에 힘써 달라는 충고를 점잖은 친구들이 해주곤 했었는데 지금 와서 생각해 보면 그것만이 아닌 것이 분명하다. 왜냐면 요즘 우리가 자주 듣고 있는 우리에 대한 비판적 논조는 한국이나 한국 사람을 잘 몰라서 하는 이야기라기보다는 '잘 알지만 싫다' 또는 '좋아하지 않는다'에 가깝기 때문이다. 그러기에 혐오라는 표현이 나오는 것이다. 그들이 혐오라는 표현을 쓸 때는 '잘 모르고 있다'고 할 경우에 쓰는 말이기보다는 알만큼 알고 사귀기까지도 해 봤는데 '혐오를 느낀다' 또는 '싫다', '가까워지고 싶지 않다'는 뜻에 가깝다. 말하기 거북하고 인정하고 싶지 않은 이야기이지만, 이 소위 혐한론은 지금 세계적인 여론으로 뻗어 나가고 있다. 아이로니컬하게도 그 패턴이 한때 성했던 한류의 그것과 비슷하다.

몇 가지 예를 들어 보자. 일본의 혐한론은 벌써 오래 전부터 있었던 반한 감정으로 그 본질에 가서는 양국 간의 견해 차이는 있지만 우리가 별로 놀라지 않고 그러려니 하고 받아들이고 있다. 단, 우리가 놀라는 것은 일본에서 혐한론에 관한 책이 발간될 때마다(내가 알기로도 10권 이상이다) 거의 다가 베스트셀러 리스트에 영락없이 오른다는 사실이다. 그만큼 일본의 혐한 감정은 심오하고 체계적이다.

베이징 올림픽은 전반적으로 보아 매우 성공적인 올림픽이었다고 본다. 내용에 가서 여러 가지 비판론도 있긴

하지만 우리 한국의 입장에서 보더라도 세계 7위라는 예상외의 좋은 성적을 올릴 수 있었고 수영, 역도 등 종목에서 세계 신기록을 기록할 수 있었다는 점에서도 좋게 평가할 수밖에 없다. 그러나 우리에게 충격을 준 것은 중국 군중들의 한국에 대한 비우호적인 태도였다. 한국과 중국 간의 경기에서는 그럴 수 있다고 하더라도 한국이 가졌던 모든 경기마다 예외 없이 상대 국가를 응원했다고 하니 도무지 이해가 안 간다. 중국을 잘 아는 전문가들에 따르면 중국인의 한국에 대한 혐오 감정은 벌써 중국 사회에 널리 퍼져 있는 현상이라고 한다. 역사적·문화적 또는 지정학 이유를 들어 중국인의 전통적인 반한 감정을 설명하기도 하고 어떤 이는 한국의 SBS 방송이 베이징 올림픽 개회식 장면을 몰래 찍어 중국 당국의 허락 없이 한국에서 미리 방영하여 올림픽 대회의 효과를 고의적으로 폄하시켰다는 여론이 미디어를 통해서 중국 전반에 파급된 결과라고도 말하지만 금번 중국 군중이 세계인들 앞에서 노출시킨 '일사분란'한 반한 응원 태도는 내가 아는 바로는 역사상 처음 있는 일이란 점에서 그냥 넘겨 버릴 문제가 아니다.

중국을 떠나는 한국 기업

한국수출입은행이 발표한 자료에 의하면 한국 기업의 중국 진출이 최근 들어 급격히 줄어들고 있다. 2002년에 중국에 진출한 한국 기업 수는 1,382개였다. 2006년에 2,301개까지 증가했다가 2008년 6월 현재 790개 기업체로 급강하한 것이다. 생산원가 절감을 위해 중국 진출에 나선 한국 중소기업들이 고비용 쇼크에 직격탄을 맞는가 하면 2008년에 들어와 예상치 못한 '세금 날벼락'을 맞고 있다. 그래서 현재 정상 가동 중인 기업은 790개 중 182개사에 불과하며 나머지는 청산 절차를 밟거나 휴업 중인 것으로 조사됐다는 것이다. "중국의 급격한 경제 발전 과정에서 발생한 빈부격차와 외국 기업 우대에 대한 중국 내 여론이 악화돼서 불가피하게 취하게 된 중국 정부 정책이어서 주로 외국 기업에만 적용되고 있다"는 삼성경제연구소의 해명에도 불구하고 최근 중국을 떠나온 기업가들은 하나같이 한국을 겨냥한 중국의 조직적인 반한 정책의 발로라고 토로하고 있음에 주목하여야 한다.

과거 어느 올림픽에서도 볼 수 없었던 주최국 관중들의 노골적인 '반한 응원'과는 전혀 관련이 없다고 보기에는 타이밍이 너무나 절묘하게 일치되고 있어 놀라지 않을 수 없다. 문제는 이러한 현상이 아시아 특히 동남아 전반에 걸쳐 발생하고 있다는 사실이다. 그 규모나 표현 방식이 나라마다 조금씩 다르긴 하지만 '반한' 또 '혐한' 감정의 본질에 있어서는 다 같다. 필리핀, 인도네시아, 싱가포르, 태국, 하다못해 베트남까지도 이 범주에 들어가고 있다. 베트남 이야기가 나왔으니 한마디 덧붙인다면 베트남은 우리와 여러 면에서 아주 잘나가는 나라로, 1,500개나 되는 한국 기업이 진출해 있고 베트남에 대한 제1위의 투자국(2007년 통계 기준 교역액 약 66억 불)인데 최근 들어 반한 감정이 급속도로 번지면서 우리 기업들이 속속 그 나라를 떠나고 있다는 소식이 들려온다.

한류가 '혐한류'로 변질?

아이로니컬한 것은 이 모든 나라들이 한때는 한류의 거점 역할을 하면서 '한국의 것들'을 좋아하고 동경하기까지 한 나라들이라는 점이다. 또 있다. 한국 관광객들이 많이 찾아가는 나라들이라는 사실이다. 한국 관광객들의 동남아 지역에서의 추태는 벌써 이 지역에서 악평이 난 지 오래며 심각하기까지 해서 금년에 있었던 아세안(ASEAN, 동남아시아 국가 연합) 공식 회의에서까지 논의된 바 있었던 것으로 알고 있고 그 결과 명성이 높은 동남아 지역 학자들이 국제 유력지에 「한류의 허상」이란 제목으로 논문을 발표한 것을 필자가 입수하여 읽어 본 일도 있다. 공통점 한 가지가 더 있다. 이 나라들은 한국에 합법이든 불법이든 간에 노동자로 입국하여 별일, 별꼴 다 겪고 좋은 감정보다는 나쁜 감정을 품고 이를 악물고 아직도 일하고 있거나 이미 추방되어 본국에 돌아가서 한국 사람이라면 '기어이 원수 갚고 말겠다'는 수심을 품고 사는 사람들이 많이 살고 있는 나라들이기도 하다.

이런 '험한 감정'이 일본, 중국, 동남아 국가들에만 있는 것이 아니다. 우리의 동맹인 미국 사람들에게도 있음은 두말할 필요가 없다. 대국(大國)이니까 관용하고 친구니까 참아 왔을 뿐이다. 10년간의 좌파 정권과 말도 안 되는 '미국 소고기' 파동 등을 겪으면서 미국도 이젠 옛날 같지 않아 참는 데도 한계가 있는 듯, 요즘 와서 심심치 않게 감정을 노출하는 경우가 눈에 띈다. 그 얘기를 여기서 다 늘어놓을 수는 없다. 아주 작은 것 한 가지만 예를 든다면 미국의 LPGA가 영어 회화 능력이 되는 외국 선수에게만 참가 자격을 주도록 정한 최근의 소위 'New U.S. LPGA Tour Policy'는 무더기로 들어와서 그 많은 상금을 '도리'해 가는 '한이 맺힌' 한국 여자 골프 선수들을 의식한 속 좁은 조치임을 누가 부정하랴. 충분히 이해는 되지만 '스포츠맨십'에서 벗어난 졸속 정책이라는 비판을 면할 길이 없을 것으로 보인다. 이쯤 말하면 독자들도 필자가 무엇을 말하려고 하는지 눈치챘으리라 믿는다. 그러나 문제는 우리에게 있다. 그런데 이것을 인정하지 않으려고 하는 고질병이 우리에게 있어 문제다. 듣기 싫어하고 피하고 자기하고는 상관이 없는 것으로 무시해 버린다. 그러나 이젠 더 이상 그러다가는 국제 사회에서 완전히 고립될 수밖에 없다는 것을 깨달아야 한다. 지금 당장 먹고 사는 문제가 더 급하다고 하겠지만 그보다 더 급한 것은 우리가 좀 덜 먹고 좀 덜 입고 살더라도 국제 사회에서 신용 있고 호감이 가는 국가로서 인정받고 대접받는 일이다. 외톨이가 된 후에 우리만 잘 먹고 잘 살아 무슨 소용이 있겠나. 남들이 도와서 그래도 이만큼 살게 됐는데 이제 와서 내가 잘나서 여기까지 온 것처럼 국제 사회의 시선에 아랑곳하지 않고 우리 멋대로 소리 지르고, 길 막고, 드러눕고, 때려 부수고, 퍼져 울고, 먹살 잡고 싸워 대고, 턱없이 사치하고 무례하고, 남 돕는 일에 인색하고, 외국인 노동자 차별하고 학대하고 그러면서도 내 자랑만 해대고, 누구 말마따나 '이불 속에서 만세 부르는' 지금 우리의 사고방식, 행동양식 가지고는 앞으로 우리 앞에 냉엄하게 다가올 국제적 현실을 헤쳐나가기가 얼마나 어려울지 깊이 깊이 생각하고 각성하고 시급히 고쳐나가야 할 시점에 와 있다는 것을 말하려는 것이다.

_ 2008년 9월 8일

우리의 정직성은 몇 근인가?

옛날, 아주 옛날 영국 속담 또는 격언에 이런 말이 있었다고 한다. '하루가 행복하려면, 이발소엘 가고, 일주일 동안 행복하려면 결혼을 하고, 한 달 동안 행복하려면 좋은 말(馬)을 사고, 일 년 동안 행복하려면 집을 사고, 영원히 행복하려면⋯ 정직하여라'.

우리로서는 너무 엄청난 이야기 같지만 오래 살면서 씹고 또 씹어 보면 그런대로 수긍이 갈 때도 있다. 우리 문화적 관점에서 생각한다면 말도 안 되기도 하고 혹 잘못 말했다가는 얻어터지거나 집에서 쫓겨날 수도 있을는지 모르겠다. 그러나 여기서 우리가 배울 것, 어느 누구도 부정할 수 없는 한 가지는 제일 마지막에 있는 '영원히 행복하려면⋯ 정직하여라'라는 말이다.

몇 해 전에 필자가 이 칼럼에서 '또 하나의 세계 제1위'

라는 제목으로 한국의 표절 또는 도작이 한류만큼이나 세계적으로 널리 알려지고 있다는 사실을 구체적인 예를 들어 개탄한 바 있다. 이 문제를 예사로 생각하는 사람들을 위해서 간략히나마 다시 한 번 되풀이하고 싶어졌다.

한국은 거짓말 천국?

어릴 적부터 학교에서 시험 때마다 소위 '커닝'을 선생님들의 묵인하에 예사로 해 온 한국 학생들이 몰상식한 부모들의 억지에 밀려서 해외 유학을 가곤 한다. 그들 중에는 언어 문제 등으로 도저히 따라갈 수가 없어서 자진해서 귀국하는 학생들도 있지만 개중에는 체면, 자존심 대문에 버티다가 석박사 논문을 내놓고 나중에 그것이 금전 거래로 얻어진 것임이 탄로나서 퇴교와 동시에 한국으로 추방당하는 경우가 있다.

TOEIC, TOEFL 점수도 가짜, 교수의 추천서도 가짜, 교수들의 논문들도 가짜, 유명인사들의 졸업장도 가짜 등등이 국내외로 알려지게 되자 어느 외국인은 "Don't trust Koreans, they cheat. They cheat everything. It makes no difference whether they are North Koreans or South Koreans"라고 했고 한국이 바야흐로 '표절의 왕국'처럼 알려져 가고 있다고 앞선 기사에서 언급한 바 있다. 그리고 원인 규명에서는 학교 당국의 불감증을 비롯한 우리 사회에 팽배해 있는 문제의식의 심각한 결핍을 지적하였고 그 과정에서 그동안 슬며시 받아들여져 왔던 '한국인 생존책의 일환론'은 더 이상 국제사회에서 인정받지 못할 뿐만 아니라 선진국으로 입성하는 데 가장 심각한 실격 요인이 될 것이라고 선언하고 결론에 가서 '한국인의 습관화된 부정행위'에 대해서 수차에 걸쳐 국내 영자지에 기고한 바 있는 어느 외국인 교수가, 한국을 진정으로 사랑하기에 할 수밖에 없는 충언이라면서 "이 만성적인 한국인의 부정행위야말로 한국인이 북한의 핵 위협보다 더 무서워하고 대처해야 할 '국가존립'적 수준의 심각한 문제"라고 한 말을 소개한 바 있다.

내가 그 글을 썼을 때 상당한 반응이 있었다. 정말 그렇다고 공감하면서 걱정하는 사람들이 있는가 하면, 어느 나라에서나 다 있는 건데 유독 한국에만 있는 문제인 것처럼 크게 다룰 것 없다고 하는 짜증 섞인 반응도

적지 않게 접할 수가 있었다. '정직'에 관한 한 나 자신도 남 앞에 자신 있게 나설 수 없기에 이런 얘기는 나 같은 사람이 다룰 문제가 아니라고 단념해 버리려고 했는데 또 자꾸 좀이 쑤셔서 다시 쓰지 않을 수밖에 없게 된 데는 이유가 있다.

부정행위의 비즈니스화

그래도 여태까지는 표절, 도작, 날조 등 그 무엇이었든 간에 다분히 개인적인 것이어서 그러한 행위의 배경에는 양심의 가책이나 수치심 같은 것이 깔려 있는 것같이 보이기도 했었는데 최근에 와서는 이러한 부정직한 행위들이 계획적이고 조직적이고 집단적이고 또 공공연하게 나타나기 시작하면서 도덕적 불감증을 동반한 일종의 비즈니스화된 행태가 되어 가고 있음을 보게 된다. 사태가 이렇게 악화되어 가고 있는데도 불구하고 여기에 대한 획기적인 문제 제기나 대책 강구가 없는 것은 웬일일까? 모두가 죄인인 까닭에 똥 묻은 개가 겨 묻은 개를 나무라지 못하듯 선뜻 나서지 못하는 걸까. 그렇다면 언제까지 이 창피스러운 일들을 나 몰라라 하고 내버려둘 것인가.

가만히 보면 어느 정부가 들어섰든 간에 학생들의 커닝 행위를 비롯한 이른바 부정행위에 대해서 국가적인 캠페인을 한다든지 하는 적극적인 대책을 내세울 것같이 보이다가도 결국에 가서는 용두사미로 끝나는 것을 보고 늘 의아하게 생각했었는데, 작년에 부패 방지 대책을 토론하는 세미나에 참석했다가 어느 발표자가 발표한 여론조사 결과를 보고, 내 궁금증을 어느 정도 풀 수가 있었다. 시간이 많이 지난 데이터라서 지금도 통용이 되는 통계인지는 알 수 없으나 각 분야의 부패지수에 따른 순위를 보면 제1위가 교육계, 2위가 법조계, 3위가 정치계, 4위가 군, 5위가 국영기업체 순으로 되어 있던 것으로 기억한다. 지금 순위의 차이가 좀 생겼다 하더라도, 이것만 보아도 부정행위 척결을 위한 국가적 수준의 캠페인이 쉽게 이루어질 수 없음을 짐작하게 된다.

이 문제가 하도 엄청난 문제가 돼서 어디서부터 손을 대어야 할지 몰라서 그런지 몰라도 꽤나 진실을 파고드는 국내 미디어들까지도 가만히 보면 사건 때마다 얼버무리기 일쑤고 축소지향적으로 돼 버리곤 하는 것을 볼 수 있다. 그런 중에도 다행한 것은 최근 국내 영자 일간지 《코리아 타임즈》가 이 제도적이고 조직적인 표절 행위를 신문 1면에서 까발리기 시작했다는 점이다. 지금까지 3회에 걸친 연재 기사로 다루고 있는데 내용의 대체적인 요점은 아래와 같다.

1. 미국의 유명한 대학에 자기 자식들을 입학시키고자 하는 욕심이 지나친 부모들이 입학에 필요한 서류나 논문을 대신 써 주는 컨설턴트나 대작자를 돈을 주고 사서 대학 입학까지는 했으나 끝내 발각되어 퇴교 또는 추방되어 돌아오는 한국 학생들의 수가 점점 많아지고 있다.

2. 국내 외국인 학교에 입학한 한국 학생들의 부모가 자기 자식의 성적을 올릴 목적으로 숙제나 과제를 본인 아닌 다른 외부 사람에게 돈 주고 시켜 선생에게 제출하는 것이 발각되어 외국인 학부모들이 들고 일어났다.

3. 대학 당국자에 의하면 한국 학생의 입학 서류 추천서, 작품 등이 과장되거나 위조된 것이 많다는 소문이 미국의 유명 대학에 널리 퍼져 있어서 대학 당국의 경계 태세가 강화됨은 물론 처벌 수준도 전례 없이 엄격해졌다.

4. 컬럼비아 대학의 새뮤얼 김(Samuel S. Kim)의 연구 논문에 의하면 미국에서 재학 중인 외국 학생들의 국가별 탈락률은 다음과 같다. 미국(34%), 중국(25%), 인도(21%), 한국(44%).

5. 이런저런 이유로, 특히 외국 생활에 적응을 못하거나 학업성적이 나빠서 귀국할 수밖에 없는 한국 학생의 수가 점증하고 있는 반면에 국내 대학에서도 이들을 다 받아줄 수도 없는 형편이 되고 있다. 학교별 현황을 보면 다음과 같다(2010년).

	전학 희망 학생수	입학한 학생수
고려대	174	16
건국대	100	-
성균관대	528	38
이화여대	307	9
연세대	170	-
동국대	72	-

6. 방법을 가리지 않고 자식들을 무조건 해외 유학만 시키면 다 되는 줄 알고 있는 한국의 학부모들의 잘못된 교육열이 자식들에게 미친 어두운 면에 대해

서 한국 언론이 보다 용기 있고 정확하게 보도할 사명이 있고 그리하여야만 우리나라의 바른 교육과 학문 윤리가 정상화될 수 있다.

　얼마 전에 국내 모 일간지에서 한국이 '거짓말 천국'이라는 최악의 호칭을 받고도 꼼짝 못하고 당할 수밖에 없는 이유를 알아냈다. 그 기사에 의하면 법정에서 거짓말을 하는 위증이나 남을 거짓으로 고소, 고발하는 무고 사건 수가 한국이 세계에서 최고라는 것이다. 2007년에 일본은 위증죄로 138명이 입건돼 그중 9명이 기소된 데 비하여 우리는 3,533명이 입건돼 그중 1,544명이 기소됐다고 한다. 무고죄도 일본은 133명이 입건돼서 10명이 기소된 데 비해 우리는 입건이 4,580명에 기소가 2,171명이나 된다. 일본 인구가 우리나라의 대략 2.5배인 점을 감안할 때 위증죄는 857배, 무고죄는 1,085배가 되는 셈이다. 증인이 법정에서 위증을 하면 5년 이하의 징역이나 1,000만 원 이하의 벌금형을 받게 되는데도 이렇게 법정에서 거짓말하는 사람이 많으니, 어떤 거짓말을 해도 아무런 처벌도 받지 않는 사람은 또 얼마나 많을지 짐작이 가고도 남는다.

거짓말 불감증 문화

미국 같은 나라에서 보면 사람에게 가장 치명적인 욕이 다름 아닌 "You are a liar!", 즉 "당신은 거짓말쟁이다!"라고 한다. 닉슨 대통령이 임기 도중에 해임된 것도, 클린턴 대통령이 탄핵 위기에 몰렸던 것도 모두가 거짓말 한마디 때문이었다. 거짓말이 범람하고 있는 우리나라에서 누가 권력자를 향하여 "당신은 거짓말쟁이요"라고 했을 때 그가 눈 하나 깜짝 할까 생각해 보게 된다. 생존 경쟁 속에서 시달리고 지쳐 있는 착하디착한 중소기업 사장들이나 취직을 앞에 놓고 초긴장 상태에 처해 있는 젊은이들 앞에 놓고 "그래도 Honesty is the best policy(정직이 최선의 정책이다)"라는 말 대신에 "Craftiness is the best policy(좀 부정직하더라도 눈치 봐 가면서 요령껏 하는 것이 최선의 정책이다)"라는 말을 하고 싶은 충동을 자꾸만 느끼게 된다는 어느 경영 컨설턴트의 고백을 들으면서 할 말을 잃어버리게 된다.

얼마 전에 국내외적으로 크게 화제가 됐던 SAT 문제 유출 사건(시차를 이용하여 태국 방콕에서 SAT에 응시한 후 그 문제지를 입수하여 미국에서 시험을 보는 고교생에게 이메일로 전달한 국제적 '커닝' 사건)이 있은 후 대구 계명대의 로 버트 디키(Robert J. Dicky) 교수는 아래와 같은 내용의 글을 《코리아 타임즈》(2010.2.8.)에 기고한 바 있다.

1. 한국에서는 SAT, GRE, TOEFL 할 것 없이 모든 시험 제도에서 시험 문제가 금전 거래를 통하여 사전에 유출되거나 재생되고 있은 지 오래며, 이는 단순한 '도둑질'이기보다는 오히려 상거래에 가깝다.

2. 한국의 국가 브랜드 가치를 떨어뜨리고 있는 여러 가지 사건 중에는 국회의원들의 난동 사건 같은 유형적이고 가시적인 것도 있지만 때로는 커닝, 도작, 표절, 예사로 하는 거짓말 등 무형적인 관례나 생활방식도 있다. 이러한 것들이 한국의 국가 브랜드를 하위로 끌어내리고 있는 중요 원인이 되고 있음을 정부나 국민이 잘 의식하고 있지 못한 것 같아서 안타깝다.

아무리 똑똑하고, 기술이 좋고, 금메달을 많이 따고, 돈을 잘 벌고, 예술성과 문화성이 높다 할지라도 국제 사회에서 우리가 거짓말 잘하고 표절과 위증을 예사로 하고 속임수 잘 쓰는 국민이라고 인식이 된다고 하면 국

가 브랜드 가치를 높일 수 없을뿐더러 영영 'Korea Dis-
count'의 수모적인 대접으로부터 탈피할 수 없을 것임은
분명하다.

국가 품격을 높이자는 우리들의 목표가 '사랑받는 나
라'일진대 우리가 갖고 있는 그 무엇보다도 한국민이 '정
직한 국민'으로 인식되는 것이 급선무가 되어야 하지 않
을까?

_ 2010년 3월 10일

세계가 경탄하는 '코리안 미스터리'

미국의 몇 대학에서 요즘 아주 특별한 주제를 놓고 연구가 이루어지고 있다고 한다. 주로 체육과의 박사 학위 논문의 주제가 되기도 하고 아주 최근에는 아이엠지(IMG)나 나이키(Nike)와 같은 스포츠 전문 기업의 융성한 자금 지원까지 받은 스포츠 과학자들의 연구 대상으로도 되고 있다는데 이 연구의 공통적인 제목은 '무엇이 한국으로 하여금 천재적인 골퍼를 계속 배출시키고 있는가에 대한 연구'라고 한다. 아직 직접 만나보지는 못했지만 몇 사람은 연구차 한국에 와서 여러 사람을 만나고 있다고 듣고 있다.

'한국판'의 LPGA

박세리가 LPGA 골프 시합에서 우승을 거듭하면서 미국의 해설자들이 심심치 않게 뱉어내는 말이 그 말이었고, 한때는 특히 미국의 스포츠 저널리즘의 진부한 유머나 냉소적인 상투어(클리셰)가 되어 물의를 일으키다가 제2, 제3의 박세리가 줄을 이어 나타나자 이들 관계자들의 얼굴에서는 어느덧 '시니컬한' 웃음은 서서히 사라지고 경악과 감탄의 논조로 바뀌기에 이르렀다. 그런 중에도 많은 옵저버들은 '몇 년간 그러다가 말겠지' 했었고, 박세리가 지난 몇 년간 주춤한 것을 그들 이론의 근거로 삼아 LPGA 관계자들 사이에서 이따금 일어나는 '반감'을 잠재우려고 했었다고 한다.

그런데 웬걸, 10년이 지난 오늘에도 해를 거듭할수록 LPGA는 그야말로 '한국판'이 되어 가는 것이 아닌가, 예를 들어 작년만 하더라도 LPGA 투어 15개 대회에서 8개 대회를 한국의 낭자들이 석권했을 뿐만 아니라 4개 대회를 연속해서 우승을 차지하는 진기록을 세우는가 하면 매 대회마다 톱 10 속에는 으레 한국 골퍼들이 3~4명씩 꼭 들어간다는 새로운 '규례'가 생기게 된 것도 그들의 '불가사의'를 증폭시키기에 충분한 것이었다.

더욱이 지난 5월 초 김미현이 셈그룹 챔피언십에서 우승한 것에 이어 김영의 코닝 클래식에서의 우승, 그리고 LPGA 투어 6번째 출전에 불과한 나이 18세의 민나온이 메이저 대회인 맥도널드 LPGA 챔피언십에서 65타의 데일리 베스트를 기록하면서 노르웨이의 페테르센과 함께 챔피언 조에서 경기를 치르게 되자 미국은 물론 세계가 입을 모아 "믿을 수가 없다(Incredible)", "신비로운 일이다(Korean Mystery)", "한국의 나이 어린 소녀들이 골프 세계를 강습하고 있다(young women of Korea taking sport of golf by storm)"라면서 각종 미디어를 통해 대서특필하기에 이르렀고 마침내는 그 'Korean Mystery'를 학술적인 연구 대상으로 삼게 된 것이다.

'코리안 파워'의 이론적 근거

학술적 차원은 아닐지 몰라도 국내외적으로 여기에 대해서 상당한 논의와 추측이 이미 이루어지고 있기도 하다. 예를 들면 어렸을 때부터 모든 삶을 함께해 온 아버지의 관심과 열정이 세계적인 선수를 길러냈다는 '아버지의 원동력설'이 있고, 가족 전체가 골프 선수의 성장을 위해 모든 것을 희생한다는 이른바 '올인설'과 한국 선수들의 '헝그리 정신'에서 발동한 '연습벌레설' 등이 있다.

그러나 이들 연구생들이나 박사 학위 후보생들의 논문은 이러한 차원을 넘어서서, 한국 선수들에게서 나타나는 '고도의 집중력'이 어디서 나오는지를 한국인의 식생활, 가치 체계, 나아가서는 한국인의 DNA까지 들추어 규명하게 될 것이라고 하니 흥미로운 일이 아닐 수 없다. 그런데 이러한 객관적인 연구가 골프 선수에만 한정되지 않을 것 같아서 더욱 흥미롭다. 내가 아는 국내 모 대학의 체육과 교수에 의하면 벌써 몇 년 전부터 한국의 궁술(弓術)을 연구하는 외국 학생들이 단기간이나마 왔다가 궁술의 훈련법 외에도 한국 문화에 더 관심을 가지고 연구하다가 끝마치지 못하고 돌아갔다고 한다. 이 교수가 한 가지 엄연한 사실이라고 하면서 하는 말은, 그것이 골프건 양궁이건 간에 문제는 '집중력'인데, 연습을 많이 하면 집중력이 생기기 마련이지만 연습을 지나치게 많이 하면 오히려 집중력을 잃게 된다는 것이다. 따라서 '연습'만이 회답이 될 수 없다고 한다. 그래서 연습도 중요하지만 그 외에 다른 정신적, 문화적 또는 생리학적 원인이 있다고 믿는 데서 외국 학자들의 연구의 방향과 접근법의 설정이 다양해지고 있다는 것이다.

세계를 놀라게 한 한국의 '비보이'

한국의 골프와 궁술에 대한 연구 목적으로 한국에 와 있는 연구생이나 기자들에게 골프와 궁술 외에 또 다른 관심의 대상이 되고 있는 것이 한국의 '비보이(B-Boy)'라고 한다. 미국에서 발단한 이 '비보잉'이 한국에 들어온 지는 얼마 되지도 않았는데 2001년부터 한국 비보이의 이름이 세계에 널리 알려지면서 세계대회에서 2003년에는 준우승, 2004년에는 우승, 2005년에도 우승, 2006년에는 준우승, 그리고 지난 6월 1, 2일 서울에서 열린 세계대회에선 비보이 종주국인 미국을 물리치고 또 한 번 우승을 거두었다. 또한 비보이 국가 대표팀이라 할 수 있는 '프로젝트 소울'은 세계 4대 비보이 대회 중 하나인 '영국 UK 비보이 챔피언십'에서 거의 매년 우승을 차지하는 바람에 이 대회 주최 측에서 한국의 독주를 견제하기 위해서 연합팀이 아닌 단일팀으로 참가해 달라는 요청이 왔다고 한다. 종주국인 미국을 위시해서 서구 사람들이 놀라는 것은 비보잉의 몸동작이나 음악적 특성 모두가 서구적 배경에서 나온 것인데 어떻게 한국의 젊은이들이 비보이 세계를 석권하게 됐는지 도무지 알 수가 없다는 것이다.

왜 우리 젊은이들이 비보잉을 이렇게 잘하는지에 대한 몇 전문가들의 견해를 보면 첫째는 역시 피나는 연습을 한다는 것, 둘째는 선수 층이 비교적 두텁다는 것, 셋째는 한국이 인터넷 강국이어서 그렇다고 한다. 초고속 인터넷이 잘 보급되고 있어서 온라인 매체를 통한 비보이 동영상 자료 접근이 용이하므로 국내뿐만 아니라 세계 최고의 실력파 비보이의 고도의 테크닉을 인터넷 학습하면서 거기다가 독창성을 더하여 새로운 동작을 고안해 냈다는 것이다. 넷째로 한국인의 신체 구조가 비보잉의 주특기인 물구나무서기에 좋고 안정적이란다. 다섯째로 우리 민족이 박자에 강한 점을 지적하고 있다. 여섯째로 외국 문화를 받아들이는 개방적 자세 때문이라고 한다. 일곱째가 재미있다. 우리나라의 억압적인 교육과 사회 제도가 비보이 탄생과 발전에 기여했다는 것이다. 비보이 정신 중 하나가 제도화된 공교육 시스템, 학벌과 배경이 지배하는 관료 사회, 성공만을 강요하는 기성 사회에 대한 저항이라고 한다. 비보이 공연 제작자는

"비보이를 이해하려면 힙합을 알아야 하는데 힙합은 원래 기존의 질서를 부인하는 것으로부터 시작해서 새로운 무언가를 만드는 것이다. 여기에는 헤겔의 '정반합 원리'도 적용된다. 이질적 요소가 만나 서로 충돌하고 변형되어 새로운 것을 탄생시키는데 이것이 바로 우리 비보이의 철학이라고 할 수 있다. 결코 날라리 춤꾼이 아니다"라고 한다. 마지막으로 비보잉에는 언어의 장벽이 없어서 '난타'나 '점프'처럼 비언어극이 돼서 국제적인 경쟁력을 가진다는 것이다.

'우리 남자도 할 수 있어요'

한국 비보이들의 해외 공연이 잇따르고 있다. 비보이 공연은 다른 장르와의 크로스오버를 통해 모든 경계를 허물면서 국내는 물론 해외 관객들을 끌어 모으고 있다. 비보이 멤버들의 자부심도 놀랍다. "앞으로 우리 비보이들이 영화, 방송, 가요를 뛰어넘는 더 큰 한류가 될 수 있다고 생각합니다. 국내 한류 스타의 무대는 주로 아시아 지역이지만, 우리 비보이 무대는 아시아를 넘어

선 '세계'입니다. 세계 사람들이 우리를 통해서 한국을 기억하게 될 것입니다'. 그들이 가지는 또 하나의 큰 자부심은 그동안 골프나 양궁을 통해서 한국의 여자만이 세계를 제패할 수 있는 것으로 인식되어 남자로서 열등감 내지 굴욕감을 면치 못했었는데 비보잉으로 한국의 남자도 세계를 제패할 수 있다는 자신감을 가지게 되고 잃었던 명예를 회복시킬 수 있어 기쁘다는 것이다.

부끄러운 코리안 미스터리

'코리안 미스터리'에 대한 연구가 골프, 양궁, 비보이에서 끝날 것 같지 않다. 스포츠와 예능 분야는 물론 다른 분야에서도 세계를 놀라게 할 젊은 인재들이 속속 나오게 될 것이 틀림이 없고 그래서 한국과 한국 사람이 더 많은 학자들과 전문가들의 연구 대상이 될 것 같다. 그래도 우리나라의 젊은이들은 골프로 양궁으로 비보이로 수영으로 빙상으로 음악으로 영화로 세계 무대에서 우리나라를 빛내고 있는데 우리 어른들은 무엇들을 하고 있는지 답답하다. 국가 헌법과 선거법을 무시하는 나라

의 대통령을 위시해서 국가의 품격을 경쟁하면서 망가
트리고 있는 정치하는 어른들, 해외에 나가기만 하면 섹
스, 도박, 골프 추태 등으로 한국인 이미지를 추락시키
고 기어이 '어글리 코리안(Ugly Korean)' 소리 듣고 돌아
오는 정신 나간 어른들, 감옥에 갔다 오는 것을 관록으
로 내세우는 경제하는 어른들, 욕심 많고 명예 좋아하
고 분파 일삼는 사이비 종교인들, 교육자답지 않으면서
교단에 서서 학생들 오도하는 철면피 선생님들이 늘어
만 가는 망국적 한국의 어른들 때문에 모처럼 우리 젊
은이들이 이룩해 놓은 명예롭고 영광스러운 한류(韓流)
가 혐한류(嫌韓流), 한류(寒流)로 바뀌어지는 것은 아닌가.
안타깝기 짝이 없다. 젊은 한국인들은 세계의 경탄과 선
망의 대상이 되고 있는데 한국의 어른들은 세계인의 멸
시와 혐오의 대상이 되고 있는 또 하나의 '코리안 미스터
리'에 대해서 혹 학술적인 연구, 박사 논문이 나오는 것
은 아닐는지….

_ 2007년 6월 19일

어느 외국인이 겪은 한국 경찰

요즘 국내에 거주하는 외국인들 간에 대선과 관련된 화제를 빼놓고 가장 신랄한 이야깃거리가 되고 있는 사건이 있다. 어느 미국인이 당한 억울한 사건인데 외국인들이 가입해 있는 인터넷의 '메트로폴리티션 블로그'에 이 사건의 전모가 기사화됨으로써 추한 한국인과 무능한 한국 경찰이 독자들의 격한 분노와 지탄을 사고 있다. 사건의 전말은 대략 이러하다.

술 취한 놈들의 천국, 한국?

편의상 주인공을 MH로 부르기로 하겠다. MH는 미국

인이고 사진작가이다. 저녁 시간에 신촌 근처에서 사진 촬영을 하고 있었다. 일행은 여자 모델 1명과 촬영 보조를 맡은 K이다. CF 촬영이었던 모양으로 비디오카메라 2대와 DSLR 1대, 대형 반사대 1대와 촬영 기구들이 가득 들어가 있는 큰 백 등, 무거운 짐들을 가지고 다니는 판이었다.

이화여대에서 촬영을 마치고 신촌 쪽으로 나와 마지막 한 컷을 촬영할 참이었다. 모델의 특이한 복장과 아름다운 용태로 보아 행인들의 시선을 끌기에 충분하였다. 몇 장의 시험 촬영이 끝나고 본격적인 촬영에 들어가려고 할 때였다. 만취한 '아저씨'가 가까이 와서 잘 알아들을 수 없는 말로 고래고래 소리를 지른다. 한국말을 어느 정도는 알아듣는 MH는 그 아저씨의 내뱉는 말 중에서 "깜둥이 새끼"란 말과 "미국 놈"이란 말을 여러 번 들었다. 그것도 눈앞으로 가까이 다가오면서 소리를 지른다.

MH는 야단났다 싶었다. 어떻게 할 것인가. 무시하고 할 일 계속하면 저러다가 가겠지 싶었다. 그런데 그게 아니었다. 점점 더한다. 참다못해 서툰 한국말로 "아저씨, 지금 일하는 중이라서 좀 가 주세요" 했다. 빌듯이 부탁해 봤으나 소용이 없었다. 사실 다 그만두고 가 버릴까도 생각했으나(지금 생각하면 그때 그랬어야 했는데 싶다) 저녁 내내 수고한 일들이 끝맺음 촬영(Unifying shot)이 안 되면 모델과의 약속도 그렇고 데드라인을 어기게 되어 모든 일이 수포로 돌아갈 처지이기에 여기서 일을 끝낼 수는 없었다. 생각다 못해 그 아저씨를 피해서 길 건너 커피숍 앞 좀 환한 곳으로 옮기기로 하고 짐을 챙기려는데 이 취한 아저씨가 가방을 잡고 늘어지더니 갑자기 MH를 향해 주먹을 휘두르며 발길질까지 한다. 본능적으로 몸을 피하면서 그의 팔을 잡기는 했으나 그가 나중에 주장한 대로 그를 밀거나 목덜미를 잡지는 않았다.

사태가 이렇게까지 되자 MH도 화가 났다. 많은 구경하는 사람들이 보는 앞에서 큰 소리로 "공식적으로 경고합니다. 더 이상 만지지 마세요" 했다. MH가 영어로 하고 싶었던 말은 "I'm giving official warning to you to stop touching me"였다. 어쨌든 여기서 MH가 밝히고 있는 것은 그가 ① 한국말로 소리 질렀다는 것과 ② 싸움을 피하려고 했다는 것, 나중에 그 취한 아저씨가 주장한 ③ "난폭한 외국인은 아니었다"는 것이다. MH는 여기서 솔직한 말이라면서 "정말 한 방으로 때려 눕히고 싶은 충동을 느꼈습니다. 그러나 그렇게 하지 않았습니다. 그 아저씨가 내민 팔을 잡은 것 외에 손가락 하나 그의 몸에 대지 않았습니다"라고 한다.

　신호가 바뀌고 MH 일행은 길 건너 커피숍으로 향하는데 그 취한 아저씨가 따라왔다. 제발 사라져 주길 바랐다. 그런데 그는 계속 욕하고 저주하면서 커피숍까지 따라 들어온다. K가 마실 것을 주문하려고 하는데 그는 MH 일행이 앉아 있는 테이블로 다가와서 또 시비를 걸기 시작했다. MH가 일어서서 다시 경고했더니 이번에는 아예 MH 멱살을 잡으려고 달려들기에 뒤로 물러나면서 그 팔을 뿌리쳤다. 물론 피하기 위해서였다. 키가 큰 한국인 종업원이 나와서 그 취한 아저씨를 밖으로 데리고 나가려고 했지만, 그는 뿌리치면서 MH가 앉은 옆 테이블에 퍼져 앉아서 계속 "××××××× American…", "respect Korea(한국 무시하지 마)…", "I lived in America, so I know where you are from… American Indian(나도 미국에 살아 봐서 알지. 너희들 아메리칸 인디언 자손이면서 왜 까불어)…" 등 마구 해댄다.

　얼마 후 조금씩 피곤한 기색이 보이고 말투도 졸리는 것같이 보여서 이때다 싶어 자리를 슬쩍 뜨려고 하자 그는 벌써 눈치채고 다시 그 상스러운 영어를 반복하며 '원맨쇼'를 벌이는 것이다. 의논한 결과 경찰을 부르기로 했다. 만취 상태로 사람을 괴롭혔고, 공공장소에서 언어

폭력은 물론 육체적 폭력까지 행사하려 했으며 업무 방해까지 했으니 명분은 충분하다고 생각했다. 더구나 그 아저씨 몸에서 풍기는 지독한 소주 냄새로 모든 것이 명명백백할 것이기에 밤 10시 7분에 112로 경찰을 불렀다. 약 1분 20초 동안 상황을 설명하고 MH 일행의 현 위치를 알려 줬다.

대단한 사건은 아니었지만 MH는 경찰이 와서 옆 테이블에 죽치고 앉아서 MH 일행뿐만 아니라 그 커피숍 1층 전체 손님에게 방해와 위협이 되고 있는 이 사람을 경찰이 데리고 나가기만 하면 된다고 믿었던 것이다. 그런데 그것이 아니었다.

경찰은 왔다. 경찰은 MH가 필요해서 불렀는데 그들은 와서 그 취한 아저씨의 인종차별적 험담과 욕설 섞인 장황한 이야기만 듣고 있는 것이 아닌가. 그래도 그러려면 그래라 하고 경찰이 그 사람을 맡아 주기만 하면 된다 싶어 짐을 챙겨 자리를 뜨려고 하는데 경찰이 MH보고 경찰서에 같이 가 줘야 한다고 말한다. 기가 막혀서 왜 가야 하느냐고 물었더니 MH가 그 아저씨를 발로 찼다는 것이다. 그 아저씨는 경찰서에서 MH가 두 손으로 멱살을 잡고 정강이를 세게 찼다고 하면서 차인 혼적까지 내보이더라는 것이다. MH는 자기가 차기는커녕 차일

뻔했는데 '귀신이 곡할 노릇'이라면서 억울해했다.

그의 말, 여기서 다 소개 못 한다. 결과적으로 경찰은 그 취한 아저씨의 다음과 같은 일방적인 변명을 받아들인 채 MH의 설명은 들으려고도 하지 않았다. ① 그 아저씨는 호기심에 촬영 장소에 접근했고 혹, 도움이 필요하면 도와주려고 했다. ② 경찰을 부른 것은 MH가 아니고 자기였다(기록이 있고 커피숍 카운터에 있었던 아가씨가 MH가 112를 호출하는데 도와주기까지 했는데도 불구하고). ③ 그리고 두 손으로 멱살을 잡고 발로 차는 등 폭행을 가했다. 이것이 그 취한 아저씨의 주장이었다. MH가 놀란 것은 경찰이 내내 그 취해 있는 아저씨 이야기에만 귀를 기울이고 이야기가 끝나자 집으로 보내 버린 것이다. 그렇게 취해 있는데도 음주검사기 한 번 대 보지도 않고 그 사람 말만 듣고 조서를 꾸미고 무슨 말을 어떻게 썼는지도 모를 그 조서의 페이지마다 MH의 지문을 찍을 것을 강요했으며 지하로 데리고 가서 강력범 취급하는 담당자에게 인계되어 다시 전자식 지문을 찍은 다음 MH를 체포하게 된 경위(그 아저씨가 취중에 말한 이야기 그대로)가 기록된 지면에 서명하게 한 다음 또 다른 양식을 내보이면서 주한 미국 대사관에 통보 희망 여부를 체크하라고 해서 물론 MH는 원치 않는다고 표기했다는 것이다.

그 아저씨의 거짓말은 계속되었고 모든 상황이 MH에게 불리하게만 돌아가자 MH는 모델과 K를 증인으로 불러 달라고 요구했으나 경찰은 그 아저씨의 말만 들은 후 그것까지도 거절하였다. 걱정이 파도같이 밀려왔다. '이런 판국에 유죄 판결이라도 나면 어떻게 되나. 이 상태로 (누구한테 들은 바대로) 몇 주, 몇 달씩 사건이 미결 상태로 질질 끌게 되면 어떻게 하나. 이러다가 이 사건 때문에 비자 갱신 절차에 지장을 초래하면 어떻게 하나. 만일 유죄로 판결이 나면 그 아저씨에게 돈으로 변상을 하게 되는 것은 아닌가. 이러다가 이민국으로부터 출국 명령을 받게 되는 건 아닌가'. 이 생각 저 생각하다 보니 어느덧 시간은 새벽 4시 33분을 가리키고 있었다.

MH는 생각할수록 분통이 터졌다. "내가 뭘 잘못했단 말인가… 내가 한 거라고는 싸움 걸어온 것을 피했고, 그래서 사람이 많이 모여 있는 밝은 곳으로 자리를 옮겼고, 따라와서 계속 괴롭히니까 경찰을 부른 것뿐인데. 그런데 지금 오히려 내가 체포되고, 조서에 지문을 찍고 그리고 구속까지 됐으니… 어떻게 이럴 수가 있단 말인가…' 하고 넋이 나가 있었다. 그런 그에게 경찰이 느닷없이 다가와 충고 한마디 해 준다면서 하는 말이 "그 술 취한 사람이 괴롭혔을 때, 아무 말 말고 짐 챙겨서 집에 갔어야 했어. 이런 일로 우리 경찰을 부르는 게 아니란 말이야. 다음에 이런 일이 생길 땐 아무 말 말고 그 자리를 뜨는 게 상수야. 알았어?" 했다는 것이다. 그러니까 문제의 핵심은, 이 나라에서는 외국인이면 혹 잘못한 것이 없다 하더라도 아무 말 말고 도망쳐 버리는 것이 상책이라는 점이다. 그렇지 않으면 모든 사람들이 거짓말로 당신을 몰아치게 될 터이니까…. '혹, 상대방이 집 없이 떠돌아다니는 놈팡이거나, 그의 거짓말을 확증해 줄 수 있는 단 한 사람의 증인도 없이 떠돌아 다니는 술에 만취한 부랑자 할지라도, 따지지 말고 상대하지 말고 그냥 도망가는 것이 이 나라에서는 제일 현명한 처세술이라는 말인가? 제기랄, 내가 한국의 문화와 언어를 열심히 배워 한국에 온 결과가 술에 만취한 형편없는 놈한테 가진 욕설 다 듣고 체포되고, 지문 찍고, 경찰서에서 날이 새도록 갇히는 신세란 말인가? 이렇게 될 줄 누가 알았겠는가…' 하면서 MH는 그의 안타까운 하소연과 함께 글 말미를 이렇게 적었다. "그 아저씨는 풀어주고 나는 지금 재판을 기다리는 신세가 됐으니… 아이 기막혀!"

이 글이 '메트로폴리티션 블로그'에 게시되자 거의 모든 외국인들이 이 글을 읽고 격분해서 수없이 많은 댓글들을 외국인들끼리 즐겨보는 웹사이트나 블로그에 올

65

리기 시작했다. 그중에서 아주 상스러워 공표할 수 없는 것들은 제외하고 비교적 점잖게 표현한 댓글 중 대표적인 것을 몇 개만 소개한다면 이런 것들이 있다.

💬 공공장소에서 만취해서 행인 괴롭히고 다른 사람 일하는데 방해하는 것 정도는 이 나라에서는 범죄에 속하지도 않아, 이 사람아…. 그 술 취한 아저씨가 그 길로 병원에 가서 의사로부터 2주짜리 진단서 가지고 나타나지 않은 걸 다행이라 생각하라고….

💬 자네 입장 억울함 충분히 공감하네…. 우리 외국인 모두가 한국 경찰이 이 사건을 어떻게 처리할지 용의주도하게 주시할 것이니 기운 내기 바라네. 그리고 이 사건 전말을 한국 국내 미디어에 널리 알려야 하네….

💬 MH가 당한 일로 봐서는, 최근 한국 이민국이 발표한 "한국은 국제도시이므로…"라든가 "SMPA(서울 경찰청)은 성숙한 민주사회 질서와 최고 수준의 사회봉사 규범과 창의적 조직 개혁을 통하여 세계 수준의 공공질서를 확립하기 위하여 최선을 다할 것입니다"라고 한 성명은 말짱 거짓말이지 뭐야….

👤 MH에게 - 잘난 체하지 말고 한국을 떠나게…. 그 수밖에 없어…. 그런 느낌 가지고 한국에서 재미 보긴 다 틀렸어. 재수없다 생각하고 떠나버려….

👤 자네 말이 옳아. 나도 한국 뜰 생각이야. 차라리 이라크에나 갈까 해….

👤 좋은 생각일지 몰라. 이라크에서는 최소한 자기 방어 정도는 될걸세. 여기서는 비한국인이면 술 취한 한국인에게 말 걸었다고 잡혀간 MH의 경우를 봐서 말이야…. 노골적으로 필요없다고 하고, 확실하게 인

종차별 당하고 대다수의 한국 사람들로부터 멸시당하면서 외국인들이 왜 이 나라에 머뭇거리고 있는지 도무지 알 수가 없단 말이야… 혹시 세금 때문에?

💬 할말이 없네, 그래 얼마나 힘들지 짐작이 가네. 제발 부탁이네, 자네가 당한 이 가공할 체험담을 중대 사건화시켜서 한국 내부뿐만 아니라 국제 사회에까지도 널리 알려야 할 것일세. 이 경우는 분명히 한국의 잘못된 제도가 낳은 불행한 사건이야… 행운을 비네….

💬 질문이 있네. 자네 그 술 취한 얼간이 비디오 녹음해 놨다고 했지? 잘했어. 한국 사람들과 시비가 걸렸을 땐 물적 증거 없이는 문제 해결이 안 될 테니까… 빨리 주한 미국 대사관에 사건 전모를 알려서 그들이 개입하도록 해야 하네. 서둘러!

💬 나는 자네가 외국인이라고 해서 동정하지는 않아. 단지 자네가 처해 있는 상황에 대하여 동정이 갈 뿐이야. 그리고 그 상황은 한국인에게도 똑같이 일어날 수 있다는 것을 말하려고 하는 것일세… 그리고 이런 경우는 어느 나라 경찰에서도 있을 수 있는 상황이기에 이 사건을 기회로 한국인을 마치 미개한 민족으로 드러내려고 하는 사람들을 나는 오히려 측은하게 여길 뿐이지….

💬 한국에서는 외국인이란 신분으로 유리한 입장에 설수 있는 것은 아무것도 없어. 이것이 한국이 결단코 '글로벌 파워'가 될 수 없는 이유 중의 하나야. 약 9년간의 한국 생활에서 나도 자네가 겪은 것과 비슷한 경우가 몇 번 있었는데 공교롭게도 내가 한국 여성과 같이 있을 때마다 어려움을 겪은 셈이

지…. 이렇게 되면 여기서는 옳고 그른 것, 잘하고 못하고 따위는 문제가 안
된다고나 할까….

(이모티콘) MH가 겪은 사건을 보고 한국인들의 품격과 지성을 의심하지 않을 수 없다.
일본인과 중국 사람들이 한국 사람을 가리켜 '지구상의 찌꺼기'라고 말하는
이유를 알 것 같다….

(이모티콘) 그런 말(위에서 한 말) 하는 너 같은 놈 때문에 이 세상이 악해지고 살기 어
려워지는 것, 너 아니?

(이모티콘) 개인적으로 충고 한마디 할 테니 받아 주게. 앞으로 그런 공공장소에서 촬
영을 한다든가 할 때에 가능하면 한국 사람, 그것도 가능하면 남자들을 동
반시키면 그 같은 불행한 일은 겪지 않아도 되리라 믿어서 권고하는 바네….

이외에도 각양각색의 댓글과 찬반 토론, 그리고 MH
가 겪은 그 정도는 자기가 겪은 것에 비하면 '새발의 피'
정도라면서 자기가 겪은 억울한 경험을 소설같이 장황
하게 늘어놓은 고발 기사 등이 끝없이 이어지고 있다.
다 읽지도 못했지만 읽은 것의 100분의 1도 소개하지
못하고 끝맺자니 안타깝다. 뭘 어떻게 해야 좋은지, 무
슨 말을 이 글의 결론으로 삼아야 할지 나도 모르겠다.

_ 2007년 12월 4일

우리의 대외 이미지, 어찌할꼬?

　서양 사람들이 동양 사람들(특히 유교 영향권하에 있는)의 성향을 일반적으로 특징 지어 부르는 영어 표현 속에 'Inscrutable Oriental'이란 말이 있다. 슬픈 건지, 기쁜 건지, 좋다는 건지, 나쁘다는 건지, 무슨 생각을 하고 있는지 도무지 알 수가 없는 무표정한 사람들이란 말이다. 그렇다가도 가끔 이상야릇한 웃음을 짓곤 하는데 그 웃음의 본체를 알 수가 없어서 때로는 기분이 나빠질 때도 있다고 고백하는 것을 듣기도 한다.

무표정한 한국인?

　그들에게도 물론 '포커 페이스'라는 것도 있다. 그러나 일반적인 인간관계에 있어서 속마음을 헤아릴 수 없는 사람보다는 희, 노, 애, 락을 자연스럽게 표현하는 것을 미덕으로 삼고 있는 것이다. 우리의 전통적인 기준으로 볼 때, 우리의 다소 '경(輕)한 것' 또는 '경솔한 것'이 오히려 그들에게 있어서는 호감을 산다고도 말할 수 있다. 그래서 'Inscrutable'하다는 표현이, 대단한 욕은 아니라 하더라도 불편하고, 답답하고, 가능하면 피하고 싶은, 그러한 성향의 사람을 가리키는 표현임에는 틀림이 없다고 할 수 있다.

　한편, 조금 억지를 부려서 이 표현에서 한 가지 건질 것이 있다고 한다면 우리의 무표정에서 때로는 '의미가 있는 듯'한 신비로움을 느끼기에 그런 사람을 대할 때 조심하게 된다고 한다. 그러나 이것도 말이 그렇지 투명성을 중시하는 오늘날 국제 사회에서는 그다지 환영받는 말이 아니라고 보는 것이 정상일 것이다.

　그런데 최근에 와서 정말 나라를 걱정하는 한국 사람들이나, 한국 생활에 대해서 불만이 많은 외국 사람들(해외 교포 포함)이 참다못해 국내 영자 일간지나 그들 사이에서만 소통되는 웹사이트나 혹은 그들의 단골 술집에서 서슴지 않고 뱉어내는 한국인에 대한 부정적인 형용사들이 하도 많아서 한 번 주워 모아 보았더니 대체로 이런 것들이 있다. 물론 여기에는 너무 저속하고 상스러워서 내놓을 수 없는 말들은 제외했다. 제일 많이 쓰여지는 단어로는 'rude', 'impolite', 'noisy'가 있고 인쇄물에 나오는 말 중에는 'wayward', 'vociferous', 'recalcitrant'가 있으며 아주 최근에 와서는 'rambunctious'란 형용사가 가끔 눈에 띈다. 단어의 뜻은 영한 사전에서 찾을 수 있을 것이므로 여기서는 약하기로 하고 한마디로 표현하자면 '한국 사람은 시끄럽고 무례하고 제멋대로 행동하고 무턱대고 악쓰기를 예사로 하는 사람들'로 요약할 수 있다.

이미지 악화

여기서 필자가 수록하고 있는 각종 자료를 중심으로 한국의 대외 이미지의 변천 과정을 살펴보면 대략 다음과 같은 특징을 찾아낼 수가 있었다. 대체로 20세기 전반까지만 해도 한국인에 대한 일반적인 통념은 '무표정하고, 감상적이며, 매우 근면하나 남에 대한 배려가 부족하고, 외국 사람을 싫어하는 경향이 있으나 기분에 따라서 놀라운 충성심을 발휘하기도 한다'라고 기술되어 있는 것을 많이 보게 되는데 20세기 후반에 들어와서 조금씩 달라진다. '극도로 무례하고 자기 중심적이며, 자기 뜻대로 안 되면 서슴지 않고 파괴적인 집단 행동에 돌입하고, 자기 자신은 부패하고 법과 질서에 위배되는 행동과 생활을 하면서도 지도층이나 권위에 대해서는 무조건 반항하는 무절제한 의식과 가치관을 가지고 사는 사람들이 많이 사는 사회'로 비판의 심도가 심각화되고 있다.

이것이 우리가 크게 놀라거나 격분할 만큼 악의적이거나 부당한 평가라고 보이지 않는 것은 이 정도는 우리 자신도 직접 경험하고 피부로 느끼고 있기 때문이 아닌가 싶다. 문제는 최근, 아주 최근에 국내외 미디어에 비쳐지고 있는 한국과 한국인의 이미지가 우리의 상당한 노력에도 불구하고 걷잡을 수 없을 정도로 악화되고 있다는 점이다. 표현하기가 거북할 정도로 우리들의 모습이 나쁘게 비쳐지는 데 기여하고 있는 요소들을 살펴보면 첫째로, 인터넷 세계에서 범람하고 있는 험악하고 비열한 막말들과 이것들로부터 영향을 받은 '막가파 족속들'의 파괴적인 언동을 꼽을 수 있다. 둘째로, 정권 교체의 부작용으로 나타나고 있는 여야 간의 극한 투쟁으로 인한 정치, 사회적 혼란과 폭력 행위를 들 수 있다. 셋째로, 여기에 설상가상으로 과중되고 있는 경제적 불안정, 특히 젊은 세대들의 실업 사태가 사회에 대한 불신과 절망과 그로 인한 가치관의 혼돈 상태를 불러일으켜 '막장'에 직면한 사람들처럼 '발악'하는 경지로 들어가고 있는 것으로 보인다.

'악'만 남은 한국인, 왜?

본래 한국 사람은 적어도 '악밖에 남지 않은 사람들'은 아니었다. 그런데 최근에는 거리에서, 지하철에서, 학교에서, 가정에서, 미장원에서(집사람을 통해서 얻은 정보지만) 하다못해 교회에서까지 '악쓰는 사람들을 쉽게 볼 수 있다고 한다. 많이 참을 줄 아는 백성으로, 어려움을 잘 극복할 줄 아는 국민으로 유명했었는데… 어떻게 이렇게 변질되고 있는 것일까. 혹 우리가 좀 옛날보다 잘 살게 되니까 교만해지고 욕심이 많아져서 그런 걸까. 여유가 생기고 남보다 조금 더 잘 살게 되었다고 꼭 이렇게 이런 식으로 우리의 모습이 달라질 수는 없다. 우리보다 훨씬 더 잘 사는 국민들이 우리처럼 이렇게 상스럽게 변하는 것을 보지 못했다. 가까운 예로 일본만 해도 그렇다. 어느 면으로나 우리보다 훨씬 더 잘 살지만, 예나 지금이나 한결같이 조용하고 예의 바르고 겸손하고 소박하다는 대외 이미지에는 변함이 없으니 말이다. 복잡한 도시 생활, 교통 체증, 극심한 생존 경쟁 등 현대 사회적 갈등 구조를 들어 설명을 해 보지만 이것은 우리만 겪는 일이 아니다. 이 나라 저 나라 많이 다녀보지만 우리나라 사람들처럼 악을 쓰는 사람을 본 일이 별로 없었다. 생각해 보면 우리 사회에 악쓰는 사람이 많다는 것은 그만큼 무엇인가가 비정상적으로 돌아간다는 말과 다름없다. 다시 말해서 '악을 쓸 필요가 있다'는 말도 되고 악을 쓰면 통하니까 그렇게 되는 것일 수도 있다. 무엇이 우리를 이렇게 만들고 있는 것일까.

이 점에서 우리 주변을 살펴보게 된다. 제일 먼저 머리에 떠오르는 것이 '악밖에 남아 있지 않는 것 같은 북한 정권이다. 참으로 딱하기 짝이 없는 일이지만, 국제 사회에 비쳐지고 있는 그들의 이미지, 그들의 대남 정책,

TV 영상으로 나타나는 그들의 몸짓과 음성, 이 모든 것이 '악밖에 남지 않은 사람들'의 대표적인 예가 아닌가 싶다. 그다음으로 떠오르는 것이 남한에 살면서 북한의 영향을 많이 받고 사는 한국 사람들일 수밖에 없지 않나 싶다. 그다음으로는 자기네들의 논리가 안 통하고 모든 것이 뜻대로 안 된다는 심리적 교착 상태에서 '될 대로 돼라' 또는 '너 죽고 나 죽자'의 막다른 골목에 와 있는 범죄자이거나 위선을 떨다가 들통이 나 버린 정치인들이 그 범주에 속하지 않나 싶다. 말할 것도 없이 우리 국회에서 그들의 그 악쓰는 모습과 악다구니가 TV를 통해서 온 국민은 물론 전 세계로 퍼져나가 버렸으니 변명할 여지조차 없게 됐다. 그다음으로 악을 쓰면서 살 수밖에 없는 집단이 있다면 데모를 직업으로 삼고 '악쓰는 싸움터'에서 '불로소득'을 일삼고 있는 노조나 조직 폭력배일 것이다.

TV 드라마까지 왜 이러나

그런데 이와 관련해서 최근 들어 참으로 기이한 현상

을 보게 된다. 기이한 현상이 아닐지도 모르겠다. 그것은 소위 인기 TV 드라마에 나타나는 천인공노할 '악쓰기' 향연이다. 정상적인 사람으로는 생각지도 못할 스토리라인을 만들어 놓고 덮어 놓고 싸우고 저주하고 죽기살기로 아무에게나 대들고 악에 받쳐 소리소리 지르기를 기가 진하도록 하는데 마치 '악쓰는 경쟁이라도 붙은 듯하다. 극중에 악역 맡은 한두 사람이 악을 쓰는 것이 아니라 출연한 모든 배우들이 다 악을 쓴다. 그러다 보니 이건 오락이 아니라 무슨 생지옥을 보는 것 같다. 더구나 요즘에 와서는 어린아이까지 이 '악쓰는' 역할을 시키고 있다. 이게 무슨 난리인지 모르겠다.

어느 지면에서 이 현상을 보고 공감한 사람이 쓴 글에서 방송국 간에 생존 경쟁이 심화하여 시청률을 올리기 위해서는 무슨 짓이라도 하게 된다고 한 것을 보았다. 그래도 그렇지, 시청률 올리려고 이렇게까지 하면서 한국인 정서에 맞지도 않는, 별 희괴한 생활 철학에다가 정상적인 사람이라면 상상도 못할 흉악하고 거짓된 인간관계를 악랄하게 표출하는 이러한 드라마를 쓰고, 만들어 내야 먹고 살게 돼 있는지 묻고 싶다. 더구나 걱정되는 것은 이러한 현상이 유행처럼 번지고 있다는 점이다. 유행되고 있는 것이 드라마 제작 내용, 방향뿐만

이 아니다. 소리소리 지르며 격렬하게 악쓰는 연기를 잘해야 유능한 연기자로 인정받는 것처럼 되어 가고 있으니… 기가 찰 노릇이다.

어느 쪽이 먼저인지 모르겠다. 우리 사회가 '막장'에 와 있어서 '악밖에 남은 것이 없는 사람들'이 많다 보니 그러한 우리 사회의 현실을 솔직하게 반영한답시고 그러한 방송 드라마를 아무런 가책감도 없이 예사로 만들고 또 방영하는 것인지…. 그렇지 않으면 악에 받친 사람들이 그러한 악랄한 드라마를 만들어 착한 백성을 '인간 파괴'와 '망하는 길'로 유인해 가려고 하고 있는 것인지…. 어느 쪽인가.

선진국에서는 사람을 추천할 때에 그 사람이 품격이 있다는 말을 할 때 '말투가 부드러운 사람', 즉 'soft-spoken'한 사람이라면서 높이 평가해 준다. 우리 사회에도 악쓰는 사람보다 말투가 부드러운 사람들이 많아져서 국제 사회에서 품격 있는 국민으로서 대접 좀 받아봤으면 좋겠다.

_ 2009년 4월 27일

순위 경쟁에 광분하는 대학들

투표 한 번 잘못했다가 상상도 못할 곤욕을 치른 사람들의 수가 많아서 그런지 촌사람이고 도시 사람이고 간에 모였다 하면 정치 이야기, 그것도 옛날에 흔히 하던 수준이 아닌 전문가 수준의 정치 이야기를 모두가 하고 있다. 이렇게 해서 한국 사람들의 정치 의식과 민주주의가 성숙되어 간다고 믿고 싶은데 과연 그렇게 낙관해도 되는 것일까? 여기서 의문사를 붙이는 이유는 이모든 성숙한 토론의 결론이 하나같이 "이 나라에 이렇게도 사람이 없나…" 하는 탄식으로 끝나곤 하기 때문이다.

인물 궁핍의 책임

이 나라에 인물이 없단다. 지도자다운 지도자가 없다고들 한다. 왜 인물이, 지도자다운 지도자가 없는지…. 흔히들 문화적이나 정치사적으로 규명하려고 들지만 나는 그보다는 우리나라에 인물다운 인물이 없는 이유를 우리의 잘못된 교육 때문이라고 단정하고 싶은 심정이다. 내가 여기서 문제 삼으려는 것은 우리 대학 교육의 질과 방향이다. 엄격히 따지자면 인물다운 인물이 나오려면 올바른 가정 교육에서부터 시작되어야 하겠지만 그래도 나라의 지도자를 길러내는 책임은 역시 대학에 있다고 본다. 우리나라에 지도자다운 지도자가 없는 것은 우리의 대학 교육이 그만큼 잘못되어 있었다는 말과 비례한다고 말할 수 있다. 얼마나 잘못되었었는지에 대해 말해 보라고 하면 말 못 할 사람은 아마 한 사람도 없을 것 같다. 다 알면서도 고쳐 놓지 못한 것이 우리의 현실이다. 물론 알면서 고치지 못한 것에는 상당한 이유가 있었음이 틀림이 없다. 그러나 여기서 그 이유를 논하려는 것이 아니다. 과거 이야기는 하지 말자. 현재와 미래를 말하고 싶다.

'명문 대학'의 개념

대학이 대학답지 못하게 돼 가는 것은 우리나라뿐만이 아니고 세계적인 현상이라고 말하는 사람도 있지만 그렇다고 그 말만 믿고 손 놓고 있을 수는 없다. 그 사람들은 우리하곤 달라서 사회가 안정되어 있고, 전통과 역사가 있고, 돈이 있고, 엄청난 후원자들이 있고 흔들릴 수 없는 기반과 규범이 있다. 그들이 말하는 소위 '명문 대학'은 우리가 흔히 말하는 명문 대학 개념과 많이 다르다. 우리는 대학의 학생 및 교수의 수와 비율, 시설 등 '하드웨어'에 중심을 두고 있는 데 반해 그들 명문대는 하드웨어는 물론이고 그보다는 '소프트웨어' 쪽에 더 많은 비중을 두고 있음을 알 수 있다.

다시 말해서 '명문대'라는 이름이 붙게 된 동기와 시작이 그 대학이 얼마나 훌륭한 인물들을 많이 배출했는가이고, '명문대'라는 이름은 그에 합당하게 구별되어 붙여진 호칭인 것이다. 많은 훌륭한 인물들을 배출한 대학이기 때문에 좋은 학생이 모여들고 그래서 돈과 교수들이 따라와서 큰 대학을 이루게 되는 것이다.

우리는 어떤가. 좋은 인물, 좋은 지도자 기를 생각은 제쳐 놓고 무조건 하드웨어에만 치중하고 있으니 그야말로 '주객이 전도'되어 있지 않는가? 그래서 모든 것이 억지요, 무리다. 사람을 길러 낼 생각은 하지 않고 무조건 덩치만 키우고 있다. 무엇이 먼저 되어야 하는지를 망각하고 있는 데 문제가 있는 것이다.

순위 경쟁에 눈먼 대학들

최근 들어 국내 소위 '명문 대학'들이 유례없이 불꽃 튀는 경쟁들을 벌이고 있다. 어떻게 하면 교육의 질을 높여서 국가나 사회가 필요로 하는 훌륭한 지도자를 길러 낼 것인가 하는 것을 가지고 경쟁하는 것이 아니라 미국의 주간 잡지 《뉴스 위크》와 영국의 《더 타임즈》가 선정한 '세계 대학 순위 100위권'에 입성 여부를 가지고 치열한 경쟁을 벌이고 있다. 예를 들어 서울 대학은 2015년까지는 세계 대학 순위 톱 30위권, 2025년에는 톱 10위권에 들겠다는 장기 목표까지 세워 놓고 있고, 연세대학은 '비전 2020 계획'하에 5개 분야(화학, 물리, 신소재, 나노메디컬, 노화과학)에 한해서 세계 톱 10위를 달성하겠다는 야심 찬 목표를 정해 놓고 있으며, 고려대학은 '글로벌 KU

프로젝트'하에 2010년까지는 무슨 일이 있어도 세계 대학 순위 100위권에는 꼭 들어가고야 말겠다고 결연한 다짐을 하고 있다고 알고 있다. 여기에 이화여자대학과 서강대학까지도 우리라고 가만히 있을 수 없다고 이 경쟁 행렬에 끼어들었으며 세계 100대 대학 순위에 2010년까지는 들고야 말겠다고 나서고 있다. 이런 목표를 세워 놓고 발전해 보겠다는 것이 나쁘다는 이야기가 아니다. 이런 과열 현상이 발생하는 것에는 상당한 배경과 동기가 있었던 것도 사실이다. 세계 10위권의 경제 대국이 된 한국이 세계 100대 대학에 단 하나의 대학도 들지 못했다는 것은 실로 부끄러운 일이 아닐 수 없다. 더구나 인도, 홍콩, 싱가포르, 스위스, 중국 등이 세계 50대 대학을 꾸준히 배출하고 있기에 우리 대학으로서는 자괴감이 생길 만도 했다. 그 결과 우리들 자신이 국내 대학을 불신하게 되었고 필요 이상으로 해외 유학을 부채질하는 결과를 초래하게 된 것도 사실이다. 그러나 그렇다고 해서 우리나라 대학들이 이 시점에서 너나 할 것 없이 '세계대학 순위 100위권 진입'을 위해 총력을 쏟고 있을 때인지 깊이 생각할 필요가 있다고 본다. 이것이 과연 국가 이익에 얼마만큼 도움이 될 것인지 특히 대학 총장들은 냉정히 생각해 봐야 할 문제가 아닌가 싶다.

남이 보는 우리 대학의 순위 경쟁

얼마 전 한국을 방문한 미국의 명문대인 예일대학의 리처드 레빈 부총장은 영자 신문 《코리아 타임즈》와의 인터뷰에서 한국 대학의 과잉 순위 경쟁을 보고 놀랐다면서 "이 현상은 대학의 진정한 발전에 도움은커녕 크게 해를 끼칠 가능성이 있다"고 경고하였다. 그는 "대학은 어디까지나 대학에 부여된 본래의 사명, 즉 인간 개발과 지도자 양성에 충실해야지 어느 특수 기관에 의한 다분히 주관적이고 인위적인 평가 방식에 따라서 이루어지는 순위 경쟁에 휘말려 일희일비(一喜一悲)한다는 것은 아주 잘못된 일이다"라고 강하게 충고했다고 한다. 그는 덧붙여서 "대학의 정상적이고 진정한 발전책은 어디까지나 대학 자체가 면밀한 검토를 거쳐서 계획하고 집행되어야 하며 외부의 평가로 결정지어질 수는 없는 것이다"라고 했다는데… 우리의 대학 당국자들이 이러한 말을 듣고 창피하게 느껴야 당연한 것이 아닌가 싶다. 하기야 교육자도 아닌 대학 책임자들이 이런 말을 알아들을 리가 없을 만도 하다는 말에 수긍이 간다. 대학 총장 중에는 교육 이념이나 사명감이 투철한 교육자만 있는 것이 아니기 때문이다.

숙명여자대학의 경우 대학들이 '세계 100대 대학 순위'에 들겠다고 야단법석을 떨고 있는 참에 이경숙 총장이 4월 26일자 기자회견에서 너무나 신선하고 교육자다운 대학 교육관을 발표하여 많은 사람들을 깨우치고 공감을 일으킨 바 있다. 그는 말했다. "우리 숙명여자대학은 다른 대학처럼 순위 경쟁에 골몰하는 대신에, 우리가 세계를 위해서 무엇을 제일 잘할 수 있는지, 그것을 위해서 개발하고 전력을 다해 나가겠다"고 하면서 "잡지나 신문이 규정짓는 대학의 순위에서는 각 대학의 특유성을 고려하고 있지 않기 때문에, 우리 숙명여자대학은 그런 순위 경쟁에 관심을 갖기보다는 차라리 남들이 잘 모르거나 경시하고 있는 분야에 중점을 두고 개발하여 특색 있는 대학으로 키워 나갈 것"이며 "우리는 질과 격이 높은 학생을 길러 내기 위하여 '리더십 프로그램'을 개발하여 세계적인 지도자를 배출하는 데 전력을 다하게 될 것"이라고 말하였다. 대학이 순위 경쟁에 말려들기보다는 대학의 퍼스낼리티와 세계적 지도자 양성에 주력하겠다는 이 총장의 이른바 대학 교육의 블루오션 전략이야말로 우리나라 실정에 맞고 시대가 요구하는 '대학 교육'이 아닌가 싶어 그의 견해와 소신에 경의를 표하게 된다. 작년이었던가, 세계 유명 대학의 총장들이 한국에 와서 대학 교육의 문제점과 앞으로 나아갈 방향에 대하여 세미나를 가진 바 있다. 여기서 도출된 대학 교육의 문제점은 아래와 같다.

1. 학생들에게 삶의 의미를 가르치지 못하고 있다.
2. 학생들에게 국가 건설에 대한 사명감을 심어 주지 못하고 있다.
3. 부모들이 겪은 가난과 고난에서 얻은 가치를 체득시키지 못하고 있다.

오늘날 대학 교육을 책임지고 있는 사람들이 깊이 생각하고 마음에 새겨 두어야 할 대목이 아닌가 싶다.

_ 2007년 5월 7일

제2장

국제화 시대의 애국관

6·25 전쟁 참전 용사의 눈물

2010년은 6·25 전쟁 60주년에 해당하는 해이다. 참 오랜만에 정부가 앞장서서 거국적으로 6·25 전쟁 60주년 기념 사업을 벌일 예정이다. 작년 11월에 기념사업위원회를 통하여 확정된 40여 개의 대규모 기념사업 중에는 방송 및 언론사별로 추진하는 다큐, 드라마, 음악회 및 각종 예능 프로그램을 비롯하여 청소년 평화 캠프, 참전 16개국 현지 보도, 국제 사이클 대회 등이 있는가 하면 청소년층의 관심과 참여를 유도하기 위한 다양한 프로그램, 예를 들면 교육부 교재 제작, 참전 유공자와 청소년이 함께하는 전적지 순례 행사와 같은 제목만 봐도 가슴이 뜨거워지는 감동적인 행사들이 계획되고 있다고하니 너무도 반갑고 가슴 뿌듯하다.

감사가 최고의 홍보

금년 동안에 벌어지는 6·25 60주년 기념 사업의 중요한 의의는 이 사업이 국내 행사로 그치지 않고, '은혜를 잊지 않고, 도움을 받았던 나라에서 도움을 주는 나라로 발전해 가는 대한민국'의 위상을 대내외적으로 소개하면서 이와 함께 감사하는 뜻을 담은 획기적인 국외 행사까지 이어지는 데 있다. 몇 가지만 소개하자면 6월 25일에는 유엔 21개 참전국 주요 일간지에 'Thank you' 메시지의 전면 광고와 참전 용사들을 위로하는 기획 기사 게재, 재외공관·현지 한국 기업·문화홍보원·아리랑 TV·KOTRA 등의 네트워크를 활용한 국가 이미지 제고 목적의 각종 프로그램 추진, 현지 한국 기업체의 참여를 통한 감사 할인 행사, 학교 건립 지원, 장애인 차량 지원, 무주택 서민 집 짓기 등을 실시하게 될 것이라고 한다.

그중에서도 필자의 관심의 초점은 참전 유공자(외국인 포함)에 대한 감사와 경의를 표하는 내용의 영상물 제작과 활용 계획이다. 이 기회에 '은혜를 잊지 않고, 도움을 받았던 나라에서 도움을 주는 나라가 된 대한민국을 그들에게 보여 줌과 동시에 정말 우러나는 감사의 마음이 전달되어야 할 것이다. 여러 가지 각도에서 다양한 소재로 영상물들이 제작되고 영어 등 13개 언어로 번역되어서 6·25 기념식, 참전 유공자 위로 감사 행사, 유엔 참전국 참전용사 방한 행사, 현지 청소년 평화 캠프 등에서 상영될 계획이다. 국내에서는 각급 학교, 군 부대, 나라 사랑 교육 자료로, 국외에서는 재외공관 및 참전협회 등에 배포되어 활용될 것이라고 한다. 좋은 내용으로 잘만 만들어진다면 앞으로 활용할 수 있는 계기는 얼마든지 있다. 2월에 있을 동계 올림픽, 5~10월의 상해 엑스포, 5월의 서울 유네스코 세계 대회, 6월과 11월의 G20, 6~7월의 남아공 월드컵 등이 좋은 활용 기회가 될 수 있다. 제발 부탁하고 싶은 것은 이러한 영상물을 만들 때 일방적인 나라 자랑에 앞서서 진지한 감사의 뜻이 담긴 콘텐츠가 핵심이 되어야 한다는 것이다.

천대받아 온 6·25 참전 유공자

엊그제 6·25 전쟁 참전 유공자인 군대 동문을 만났다. 그는 지금 미국에 이민 간 지 5년이 되는데 가족 방문 차 잠시 한국에 들렀다고 한다. 무슨 말끝에 필자로부터 금년에 있을 대대적인 '6·25 60주년 기념 사업'에 대한 이야기를 듣고 갑자기 눈에 눈물이 가득해지더니 소리까지 내며 운다. 울면서 하는 말이 이렇다. 부상까지 입은 6·25 참전 유공자로서 자기의 한국에서의 생활은 '비참' 그 자체였다는 것이다. 특히 지난 두 정권 밑에서 자기는 국가 유공자 대접은커녕 '미국이 주도한 무익한 전쟁의 하수인' 취급을 받아야만 했단다. 그래서 결국 공무원 직에서도 물러나야 했었고 너무 억울하고 분해서 모든 것 다 버리고 이민을 간 것이다. 그러나 이제는 늙고 쇠하여 현지 생활도 너무 어려워져서 가능하면 다시 돌아와 고국에서 죽고 싶은 생각에 지금 잠겨 있다는 것이다.

자기가 우는 것은 이제서야 조국이 자기와 같은 처지에 있는 참전 용사들을 인정해 주게 됐다는 새로운 현실을 본 데 대한 감격과 억울하고 분한 과거 신세에 대한 서러움에 북받친 탓도 있지만 그보다는 자기와 비슷한 처지에서 오늘을 못 보고 세상을 등진 동지들을 생각하니 견딜 수 없어 울음이 나온다고 한다. 그에 의하면 자기가 이민 갈 때만 해도 살아남은 6·25 참전용사가 약 60만은 되는 것으로 알고 있었는데 오늘 현재 생존자는 겨우 30만밖에 안 되며 이 숫자도 기하급수적으로 줄어

들어 가고 있다는 것이다. 그래서 6·25 전쟁을 바로 알고 직접 체험한 세대는 몇 년 후에는 이 세상에서 흔적을 찾아 볼 수 없게 될 것이므로 이 6·25 참전 용사들이 생존해 있을 동안만이라도 6·25 전쟁에 대한 진실이 이들의 증언을 통해서 밝혀져야 될 뿐만 아니라 그동안 잘못되어 온 교육이 확실히 시정되지 않으면 이 나라는 영영 대내외적으로 '호로자식'들로 남을 것이란다.

그러고 보면 지난 10여 년 동안 (현재까지도) 나라 꼴이 이상하게 돌아가고 있는 원인을 깊이 살펴보면 결국 6·25를 잘 모르거나 잘못 배운 세대들이 나라를 좌지우지하는 것이라고 해도 과언이 아닐 듯 싶다. 기가 막힌 것은 그때 우리를 도와줬던 남들은 오히려 6·25를 바로 알고 있는데 6·25 당사자인 우리가 잘못 알고 있다는 사실이다. 그 증거는 허다하다. 지금 우리 국민의 상당수가 6·25는 미국이 시작한 전쟁이라고 믿고 있어서 인천 상륙작전을 주도한 맥아더 장군의 동상을 틈만 있으면 허물어뜨릴 기회를 엿보고 있는 것, 지금은 어떤지 모르겠지만 얼마 전까지만 해도 나라를 지키는 간성을 기르고 있는 육군사관학교의 졸업반 생도의 30% 이상이 미국을 대한민국의 주적(主敵)으로 알고 있었던 점, 현재도 어느 초등학교에서는 6·25가 무엇인 줄 아느냐는 질문에 4학년쯤 되는 아이가 답하기를 "선생님이 '육이오' 가 아니고 '육점이오'라고 부르라고 하시면서 미국과 한 국이 북한을 침략했기 때문에 '육점이오'가 바른 호칭이 라고 가르쳐 주셨어요" 했던 일화 등이다. 그 외에도 얼 마든지 있다. 멀리 가서 알아볼 필요도 없다. 우리들 자 식, 손자를 불러놓고 몇 마디 이야기해 보면 금방 나타 날 일들이다. 고급 공무원을 지낸 어느 친구는 손자들 한테 물어보기가 오히려 겁이 난다고까지 하는 말을 들 은 적도 있다.

한국의 이러한 현실을 보고 얼마나 기가 막혔으면 이 러한 잘못된 6·25에 대한 인식 때문에 혹시 한미동맹 에 금이 갈까 봐 재미교포 하나 김은 전도 유망한 커리 어를 제쳐 놓고 어린 나이에 미국 워싱턴 DC에서 무려 435명의 미 하원의원들을 일일이 찾아 다니면서 설득하 기에 나섰다. 그 결과 '한국전 참전 용사 법안'을 미 국회 에서 통과시키는 데 크게 기여하게 됐고 오바마 대통령 이 6·25 전쟁 휴전일을 '한국전 참전 용사 휴전일'로 지 정하고 성조기를 조기로 게양하도록 하는 놀라운 일을 해냈다. 김 씨는 인터뷰에서 "미국인들은 피 흘리며 도 운 나라들 가운데 유일하게 한국이 보은 활동에 나서 감동하고 있다"면서 "한국과 미국의 한인 사회가 6·25

60주년을 맞는 올해 더욱 적극 나서게 되면 한국의 이미지도 한층 좋아질 것"이라고 오히려 완곡하게 자기의 맺힌 심정을 토로했다.

한나 김(현재 27세)에 관한 기사를 읽으면서 그의 놀라운 통찰력과 애국심과 추진력에 감탄하기에 앞서 대한민국민의 한 사람으로서 부끄러움을 금할 수 없었다. 부끄러움을 느껴야 할 사람이 대한민국에 더 있어야 되지 않을까?

_ 2010년 2월 9일

"You Made My Day!"

아주 어릴 적부터 말이나 행동이 보통 아이 같지 않다고 만날 때마다 손자 자랑을 늘어놓는 동생이 이번엔 좀 색다른 이야기를 가지고 왔다. 초등학교 3학년인 동원이가 서울에 전학을 왔는데 가족들은 동원이가 촌에서 살다 왔고 경상도 사투리도 심하고 해서 서울 아이들과 잘 어울릴지, 혹 소문대로 왕따를 당하는 건 아닌지 걱정이 태산 같았다고 한다.

전학 온 지 4~5개월 되던 어느 날 학교에서 돌아온 동원이가 "할머니, 나 부회장 뽑혔어요. 잘했지예?"라고 하면서 싱글벙글하더란다. 하도 뜻밖이라서 처음엔 믿기지 않았다가 옛날부터 아이한테서 놀라운 광경을 본 게 한두 번이 아니었던 것을 생각하고, "그래 어떻게 된 거냐?"고 물었더니, 동원이 대답은 이러했다고 한다.

처음 학교 왔을 때 반 아이들은 동원이의 사투리를 흉내내면서 놀리기만 하고 별로 상대를 하지 않으려고만 했었다. 공부는 별로 어렵지는 않았지만 같이 놀아 주는 아이도 없고 늘 혼자 있게 되는 것이 슬펐다. 어느 날 이래 가지고는 안 되겠다는 생각이 들면서 동원이는 할머니 생각을 하게 됐다. 할머니가 사람들이 싫어하고 무서워하는 교도소를 다니시면서 그 수많은 재소자들과 또 집에 찾아오는 출소자들을 위해서 밤낮없이 친절히 위로의 말을 건네 주고 또 눈물을 흘리며 기도하는 모습을 연상하게 되면서 용기가 나더라는 것이다.

아침에 학교에 가자마자 앞줄에 앉아 있는 종명이에게 다가갔다. 동원이 보기에 종명이는 자기와 비슷한 처지에 놓인 아이 같았다. 언제 봐도 혼자 앉아 있고 외로워 보였다. 한 번도 종명이가 웃는 얼굴을 본 일이 없었다. 그런데 항상 무언지 그리고 있는 것 같았다. 동원이는 종명이 어깨 너머로 "친구야, 안녕, 니 지금 뭐 하노?" 했다. 그러자 종명이는 깜짝 놀란 얼굴로 동원이를 한 번 힐끗 쳐다보더니 아무 대답도 하지 않고 다시 엎드려 하던 짓을 계속했다.

상대를 해 주지 않기에 잠시 용기를 잃었지만, 동원이는 다시 말을 걸면서 "아, 그림 그리는구나. 무슨 그림인지 잘 모르겠지만, 참 잘 그리네…" 했다. 종명이는 그때서야 돌아보면서 별로 웃음 같지도 않은 웃음을 씩 보여주더라는 것이다. 다음 날도 동원이는 종명이 책상 옆에 가서 말을 걸었고 오늘은 "친구야 안녕, 너 참 멋있구나"라고 했다.

그랬더니 종명이가 이번에는 놀라는 표정을 짓더라는 것이다. 할머니가 물었다.

"동원아, 왜 하필 그 아이하고만 친해지려고 했니? 잘생기기라도 한 아인가 부재?" 했더니 동원이가 할머니에게 귓속말로 "아니예, 사실은 그 애 얼굴이 꼭 '가오리'처럼 이상하게 생겼어예"라고 했다. 그래서 아무도 종명이를 좋아하지 않는 것 같다고 동원이는 말했다. 가끔 교실 뒤에 앉은 큰 애들이 종명이 머리를 쿡쿡 쥐어 박고 지나가는 것을 보고 동원이는 불쌍하다는 생각이 들었다고 한다.

동원이의 끈질긴 접근과 칭찬의 말에 종명이 얼굴이 환해지면서 그로부터는 동원이를 졸졸 따라다니며 동원이가 무엇을 하는지 따라 하게 됐다. 그 후로 반 아이들은 동원이를 보는 눈이 달라졌다. 동원의 "친구야, 안녕, 니 뭐 하노?", "친구야, 안녕, 너 참 멋있구나"는 온 반으로 퍼져 나갔고 동원이 친구는 나날이 늘어만 갔다. 얼마 안 되어서 동원이는 어느새 반에서 가장 인기 있는 학생들 무리에 끼게 되었고 해가 바뀌면서 반 선거에서 기득권이 있는 서울 아이들을 물리치고 부회장으로 뽑혀서 친구들은 물론 선생님들까지도 놀라게 하고 있다는 이야기였다.

내가 외국에서 공부하고 있을 때, 외국 친구에게 무심코 던진 말 한마디에 "Hey, you made my day!"라는 인사를 받은 적이 종종 있었다. 좀 구구한 번역이 되겠지만 "너의 그 말 한마디가 나를 신나게 만들어 줘서, 오늘 하루 행복해질 것 같아"라는 뜻이다.

내가 한 말은 사실 별 말이 아니었다. "야, 너 그 셔츠 어디서 샀니? 참 잘 어울리는구나"라든가 강의가 끝나고 교실에서 나오면서 "너 아까 교수에게 던진 질문 말이야. 핵심을 찌르는 좋은 질문이었어. 내게 큰 도움이 됐어. 고마워"라고 했을 때, 또 조금은 용기가 필요했었지만 새로 부임한 나이 좀 지긋한 여자 교수에게 소개받았을 때, 아침 인사와 함께 "참 멋있는 헤어 스타일이시네요!" 했을 때, 상대가 약간의 상기된 표정으로 내게 던진 인사말도 "You made my day!"였던 것을 기억하고 있다.

필자는 '글로벌 리더'가 되려면, 거창한 스펙을 쌓기 전에 하루에 말 한 마디나 작은 행동 한 가지라도 'Making somebody happy', 즉 '누군가를 기분 좋게 만들기'를 체질화 또는 생활화하는 데서부터 시작할 것을 권장하고 의무화하는 '멘토링 클래스'를 맡고 있다. 내가 맡은 멘티의 보고 내용 중에는 가슴 뿌듯한 이야기가 많다. 그중 한 가지만 소개한다.

'경희'는 시골에서 올라와서 서울의 K대학 3학년에 재학 중인 경제학 전공의 여학생이다. 다른 대학에 다니는 남동생과 함께 자취를 하고 있는데 시골에서 농사를 짓고 있는 부모로부터 등록금, 생활비 타 쓰기가 너무나 힘들어서 때로는 휴학을 하고 일자리를 구해서 돈을 좀 번 다음에 복학을 할까 고민 중이었다. 너무 생활에 쪼들리다 보니 시골에 계시는 부모님께 돈을 보내 달라고 조르는 전화 외에는 별로 다른 내용의 전화를 해 본 적이 없었다고 한다.

그날 멘토가 "말 한 마디나 작은 행동 한 가지로 누군가를 신나게 하거나 행복하게 만들어 봐라. 그럼 네가 몇 배로 행복해질 것이다"라고 했는데 그 말이 가슴에 꽂혀서 집에 가서 시골 집에 전화를 걸었다. 아버지가 받았다. 아버지는 전화를 받자마자 말했다.

"이번에는 또 무슨 일이고? 또 돈달라카는 거가? 등록금, 생활비 보낸 지가 며칠이 됐는데 또 달라카는 거가?"

"아부지."

경희가 아버지의 짜증스러운 말을 막으며 이렇게 말했다.

"아부지, 오늘은 아부지한테 돈 보내 달라고 한 전화가 아니라예. 아부지한테 감사하다는 말씀 드리려고 한 전화라예. 아부지 생일도 잊어버리고 전화 한 통 못 드리고 아부지가 허리를 다쳐서 병원에 다니고 계신다고 엄마한테 듣고도 한 번 내려갈 생각도 않고 있었던 것 생각하니… 너무 죄송해서 아부지한테 용서를 빌려고 전화하는 거라예. 아부지, 너무너무 죄송합니다…. (눈물)"

"경희야, 니 와 우노? 무슨 일이 있는 거가?"

아버지의 놀란 음성에 경희는 말했다.

"아닙니더. 아부지, 우리 뒷바라지 하시느라 너무 고생만 하시는 아부지가 불쌍하고 고마워서 전화드리는 거라예…. (눈물)"

아버지 쪽에서는 아무 소리도 안 나다가 조금 있으니 아버지도 참지 못하고 터져 나오는 이상한 소리. 아버지는 결국 "고마, 전화 끊거라" 하셨다고 한다. 이 이야기를 멘토링 클래스에서 하다가 경희는 또 한바탕 울었고 다른 멘티들까지 다 울려 버리고 말았다.

일일이 예를 들어 말하기에는 한도 끝도 없다. 다른 사람에 대해서 배려 안 하기로 유명한 국민 중에 한국 사람이 늘 첫째로 꼽히고 있다는 이야기가 과거에는 외국 사람들이 모여서 즐겨 하는 이야기였었는데 요즘에 와서는 조금 달라져서 한국 사람들끼리도 자주 하는 화제가 되기도 했지만, 아직도 남이 하는 짓은 수치요, 내가 하는 짓에 대해서 무감각한 수준에서 끝나고 있다.

자기 기분, 자기 편의, 자기 이익만을 생각하고, 남에 대한 배려가 없는 사람들이 사는 곳에는 항상 불만, 시기, 불안, 다툼, 갈등, 분열, 배신, 망신, 파멸만이 끊임없이 이어진다. 우리 사회가 지금 이 무서운 악순환 속에서 헤어나지 못하고 있는 것을 어느 누가 부정할 수 있을 것인가?

그러면서도 해결책은 없다고들 비관하는 소리만 들린다. 해결책이 없는 것은 너무 거창하고 요란한 해결책을 찾으려고 하기 때문이 아닐까? 우리 속담에 "말 한마디에 천 냥 빚을 갚는다"란 말도 있듯이, 착하고 지혜로운 말 한마디로 남을 행복하게 만들고 나아가서는 세상을 바꿀 수도 있고 때로는 죽어 가는 사람을 살릴 수도 있는 것이다.

거창하고 요란한 방법으로 애국 애족, 충성, 헌신, 봉사, 희생을 떠벌리지 말고 가까이 있는 친구, 가족, 이웃, 선배, 후배, 스승에게 실천하자. 그리고 길에서, 지하철에서, 엘리베이터 속에서, 차 운전을 하면서, 전화 한 통 걸면서 하루에 말 한 마디, 작은 선행 한 가지씩만 우리 모두가 마음먹고 실행하여 누군가를 기분 좋게, 신나게 나아가서 행복하게 만들 수만 있다면, 여기서 우리가 바라는 행복, 번영, 안정 나아가서 우리나라의 선진화도 이룰 수 있지 않을까 생각해 본다.

우선 나부터라도 우리 증손자 동원이를 좀 본받아야 하겠다.

_ 2014년 1월 31일

무엇이 애국이고 누가 애국자인가

　미국 시카고 대학에 있는 국가여론연구센터가 작년 여름에 세계 각국 국민들의 자기 나라에 대한 애국심이 어느 정도가 되는지를 조사한 결과를 발표한 바 있다. 나라별로 순위를 매겼는데 조사 대상국 34개국 중에서 대한민국이 31위였다고 한다. 나는 처음에 이 순위를 믿을 수가 없었다. 우리나라 정치가들이나 국민들이 흔히 내세우는 명분이나 구호의 빈도로 봐서 최소 톱 5위에는 들 줄 알았다. 그런데 웬걸, 꼴찌에서 4번째라니 이럴 수가….

겉과 속이 다른 애국심

몇 가지로 생각해 본다. 혹 우리는 겉으로 또는 말로는 '애국, 애국' 하면서도 속으로 또는 내용적으로는 애국하고 있지 않은 것이 노출되어 버린 것이 아닌가. 그렇지 않으면 우리가 생각하는 소위 '애국심'과 국제적인 감각의 '애국심' 사이에 개념상의 차이가 있는 것이 아닌가.

그래서 언어대사전을 들여다봤더니 '애국심'을 이렇게 정의하고 있다. "자기 나라를 사랑하는 정신으로서 조국을, 지킬 만한 가치가 있다는 국민적 감정이 밑으로부터 끓어오를 때에는 애국심은 전진적 역할을 할 수 있지만, 국가 권력의 유지 내지는 확대를 위하여 위로부터의 교육 또는 그 밖에 강력한 수단으로 국민에게 애국심이 강제되었을 때에는 그것은 뒤를 향한 성격을 드러낸다"라고 되어 있었다.

이 정의를 보고서야 왜 우리나라가 애국심에 있어서 세계 34개국 중 31위에 있어야 하는지 조금 알 것 같은 느낌이 들었다.

시카고대학 NORC가 '애국심' 순위를 정한 것은 다음 10개 항목에 대하여 해당 국민이 얼마만큼의 자긍심을 갖고 있는지를 측정한 결과에 근거를 두고 있다. 즉, ①

정치적 영향력 ② 사회 안정도 ③ 민주주의 실천도 ④ 경제적 성공 여부 ⑤ 과학 및 기술 ⑥ 스포츠 ⑦ 예술 및 문학 ⑧ 군사력 ⑨ 역사 ⑩ 사회 공평성 등이다. 이것을 보면서 느끼는 것은 막연하고 추상적인 의미에서는 우리가 다른 나라 국민들보다는 애국심이 더 있는 것 같은데 하나하나 구체적으로 따져보니까 그렇지 못하다는 것을 알게 된다.

애국심의 구체화

별로 놀랍지도 않은 것이 이 시점에서 국민의 대다수가 다음과 같은 나라의 현실을 너무나도 뻔히 들여다보고 있기 때문이다. 정부 및 여당의 신뢰도 하락, 입법 및 사법부의 비효율성, 외채 2,500억 불(GDP의 1/3), 식량 자급률 27%, 빈곤층 1,200만 명, 소득불평등 OECD 2위, 최저생계비 이하 900만 명, 교통사고 사망률 세계 2위, 서울 대기오염도 세계 2위, 청렴지수 세계 50위(OECD 꼴찌), 점심 굶는 학생 20만 명, 수업료 못 내는 중고생 36,000명, 결식 아동 117만 명, 조직폭력배 11,000명, 자살자 15,000명(하루 평균 40명), 자살증가율 OECD 32개 국 중 1위, 의료사고 사망자 10,000명(하루 평균 27명), 내 버리는 아이 12,000명(하루 평균 33명), 고아 수출(해외 입 양) 2,400명(하루 평균 7명), 미국·캐나다 원정 출산 25,000 명, 미국 불법 체류자 30만 명, 강간범죄 비율 세계 1위, 1인당 음주량 세계 1위, 신용불량 및 잠재 신용불량자 780만 명 등 써내려 가자면 한도 끝도 없다.

　이러한 사실을 아침저녁으로 듣고 보고 익숙해져 있는 우리 국민들이기에 비록 "괴로우나 즐거우나 나라 사랑 하세"를 목 터져라 부르고 있으면서도 거짓말을 하지 않 는 이상 숫자로 표시되는 한국인의 '애국심'은 세계 31위 라는 결과에 납득을 아니 하려야 아니 할 수가 없게 된 다. 위에서 말한 '애국심' 조사에서 미국이 단연 1위를 차 지했고 2위에 남미의 베네수엘라, 3위에 아일랜드, 4위에 남아프리카, 5위에 호주가 들어가 있다. 공교롭게도 아시 아 국가들의 '애국심'이 이 조사에서는 일본의 18위를 제 외하고는 모두 하위에 속해 있는 것이 특징인데 그 중에 서도 대만이 그래도 나은 편이어서 29위를 점하고 있음 이 흥미롭다.

민족주의와 애국심을 동일시

또 하나는 우리의 잘못된 '애국관'이 문제다. 나는 이 칼럼에서 "우리가 앞으로 국제 사회 속에서 살아남고 발전할 수 있는 유일한 길은 모든 면에서 세계화하는 길이며 그렇지 못할 경우 국제 사회에서 고립되고, 고립되면 망한다"는 것을 시종일관 주장해 오고 있다. 여기에 대해서 긍정적인 반응도 있지만 부정적인 반응 중에는 '세계화'는 결국 친미, 친일 행위이므로 민족을 배반하는 것이 되고 따라서 '비애국적 논리'라고 강하게 반박해 오는 댓글, 이메일, 전화 통화가 있었다. 주로 젊은 층의 독자이거나 이념을 달리하는 일부 계층의 의도적인 '김 빼기 작전'으로 보이기도 하지만, 그들은 일률적으로 '애국심'을 '민족주의'와 동일시하고 있다. 과연 그럴까? 우리가 나라가 없었을 때, 나라를 찾고 자주독립을 부르짖을 때의 '애국심' 또는 '민족주의'라면 몰라도 오늘날 세계 11위의 경제대국을 이룩한 대한민국 국민의 '애국심'이 과연 외세 배제를 전제한 민족주의 또는 민족공조사상이라야만 하는 것일까?

'한국적'이란 족쇄

얼마 전 어느 신문의 시론(時論)에서 가수이면서 음반
프로듀서인 박진영 씨가 '내가 애국자라고?'라는 제하에
쓴 글을 읽고 신선한 충격을 받은 바 있다. 우리나라의
젊은 예술인 가운데 이렇게 솔직하면서 겸손하고 생각
이 앞서 있는 젊은이도 있나 싶어 감동이 컸다. 그는 그
의 글에서 이렇게 말하고 있다.

"한국적인 것이 세계적인 것이라는 말이 문화다양성이란 측
면에서 중요한 의미를 갖는 말인 걸 잘 안다. 하지만 대중문
화를 하는 모든 사람들에게 이 말을 너무 강요하면 그것이
족쇄로 작용할 수도 있다. 꼭 한국적인 것이 아니더라도 자기
가 좋아하는 것을 열심히 하면 세계적인 것이 될 수 있다고
생각한다."

아시아 작곡가로서 처음으로 미국의 톱 가수들에게
곡을 파는 데 성공했고, 그 앨범들이 빌보드 10위권에
세 번이나 올랐던 박진영 씨는 솔직하게 이렇게 말한다.
그는 "이 과정에서 한국은 없었다. 내 음악 속에도 없
고, 나를 인정해 준 미국 관계자들의 마음속에도 없었

다. 그들은 그냥 내 음악이 좋아서 산 것이다. 그럼 이것은 한류인가? 나는 애국자인가?"라고 묻고 있다. 여기에 대한 나의 답은 이렇다. "우리 문화를 널리 알린다는 의미의 '한류'는 물론 아니고 그것을 우리나라의 자랑, 우리 민족적 자긍심 고취용으로 사용한 것이 아니었기에 성공했고, 성공함으로써 한국인의 예술성을 드높인 결과가 됐으므로 박진영은 당당한 '애국자'로 칭송받을 만하다." 박진영 씨 말대로 다른 나라에서 '한류'라는 말을 사용하는 것은 몰라도 우리가 우리 대중문화에 꼭 '한류'라는 말로 그야말로 태극 마크를 붙일 필요는 없는 것이다. 따라서 그의 '애국'은 민족주의적인 접근 방법으로 이룩한 것이 아니며 오히려 세계화적 접근이 가져온 '애국적 행위'의 결과라고 말할 수 있을 것이다. 그러면 무엇이 '애국'이고 누가 '애국자'인가? 물론 나라 사랑하는 간절한 마음을 가진 사람이다. 나라와 민족의 일에 우선순위를 두는 사람이다. 그러나 그것만 가지고 '애국심', '애국자'라고는 할 수 없다. 자기는 애국한다고 하지만 그 '애국'이 나라를 망칠 수 있는 것이다. 그 '애국'이 진정한 의미의 국가 이익 추구와 부합되어야 한다. 나라에 도움 안 되는 '애국심'이나 '애국자'는 '반역'이고 '반역자'이다. 따라서 오늘날 우리나라를 자꾸만 국제 사회로부터 '고립화'로 몰고 가려고 하는 배타적이고 편협적인 민족주의 사상을 가진 자가 애국자가 될 수 없는 것이다. '애국심'은 마음가짐이지만 '애국자'는 그의 행위가 나라에 도움이 됐느냐 안 됐느냐 하는 결과를 가지고 정할 문제이다. 진정한 '애국자'는 애국한다는 표 내지 않고, 한국을 대표한다든지 '한국적'이라는 것에 집착도 의식도 하지 않고 자기 맡은 일에 최선을 다해서 좋은 결과를 창출한 사람에 대해서 남들이 붙여 주는 호칭인 것이다.

_ 2007년 3월 14일

눈치로 살고 죽는 한국인

언젠가 TV에서 미국의 대통령과 그의 사생활을 주제로 한 영화를 재미있게 본 적이 있다. 확실하지 않지만 제목이 아마 〈대통령의 연인(The American President)〉이 아니었나 싶다. 대통령 역으로는 그 유명한 마이클 더글라스가 나왔던 것만은 확실히 기억난다. 대통령이 그의 참모들과 함께 정신 없이 바쁜 업무를 수행하는 과정에서 대통령과 비서실장이 의견 충돌로 소리를 지르며 말다툼을 하는 장면이 나온다. 말다툼이 얼마나 격한지 비서실장 입에서 "젠장(God damn)"이란 상소리가 예사로 튀어 나오는 것을 보고 놀라지 않을 수 없었다. 물론 미국에서는 뭔가를 강조하는 뜻에서 흔히 쓰는 표현이므로 우리 생각만큼 그리 심각한 욕은 아니지만 그래도 부하인 비서실장이 대통령 앞에서 쓰는 말로는 좀 심하지 않았나 싶었다. 이에 대통령도 격하게 맞대꾸하면서 각자 주장을 펴 나가는 것이 마치 친한 친구끼리 닭싸움 하듯 하기에 저러다가 비서실장의 목이 달아나지 않을까 생각했다. 그런데 이게 웬걸, 일단 대통령의 결심이 선 후엔 언제 그랬냐는 듯이 본래의 위계질서로 자연스럽게 돌아가는 것이 아닌가. 국가적인 중요한 이슈이기 때문에 대통령의 판단이 잘못될까 목숨 내걸고 반론하는 참모의 충정도 인상 깊었지만, 이를 우정 내지 충성심의 발로로 받아주는 대통령의 아량 또한 멋있고 위대하게 보였다. 비록 영화이긴 하지만 이러한 가치관과 생활 태도가 보편화되어 있는 미국이란 나라의 저력을 보는 것 같아서 깊은 감명을 받았고 몹시 부럽기도 했다.

한국은 '눈치'의 나라

외국 사람이 한국에 와서 한국의 문화와 생활을 배우고 익혀가는 데 가장 어렵고 이해가 잘 안 가는 것 중에 하나가 이 '눈치'에 대한 것이라고 한다. '눈치'를 영어로 설명하기가 하도 어려워서 아예 우리말로 그대로 'Nun chi'라고 하고 긴 설명과 함께 케이스 스터디를 통해서야 겨우 이해시키는 경우가 많다. 그런 것 몰라도 상관없다고 하다가도 한국 사람과의 접촉이 많은 외국인들은 '눈치' 없이 굴다가 결국엔 이 '눈치' 문제에 부딪혀서 손을 들고 만다. 도무지 이해가 안 간다고 한다. 도대체 '눈치'가 뭔지, 또 왜 그렇게 서둘고 무엇이든 '빨리빨리' 해야 된다고 하면서 이 사람, 저 사람의 '눈치'를 봐야 하는지 모르겠다는 것이다. 하기야 이 나라에서 사회생활을 무난히 해 나가려면 최소한 다른 사람들로부터 '눈치 없이 구는 놈'이란 소리는 듣지 말아야 하니깐 말이다. 어쩌다 복잡하고 어려운 일을 당해 도움을 요청했는데 친구라는 자가 기껏 돕는다고 한다는 소리가 '알아서 눈치껏 해라'라는 말만 하고 돌아서버린다는 것이다. 그러고 보면 세계에서 '눈치' 빠르기로는 아마 한국 사람을 당할 자가 어디 있을까 싶다. 모두들 '눈치'의 박사요, '눈치'의 도사들이다. 그럴 수밖에. 우선 역사적으로 우리 민족은 주변 국가들의 눈치를 보느라 정신이 없었다. 지배자가 바뀔 때마다 생명을 걸어놓고 눈치를 봐야 했었다. 살아남기 위해서였다. 왕조가 바뀔 때마다 눈치를 봐야 했었고 같은 왕조 안에서도 왕이 바뀔 때마다 눈치 없이 굴면 살아남지 못했었다. 옛날 이야기 할 것 없다. 오늘날 우리는 정치, 경제, 사회, 교육, 하다못해 종교에서까지도 이 '눈치'의 치열한 경쟁 속에서 살고 있다고 해도 과언이 아닐 것이다. '눈치'와 '적당주의'. 눈치의 세계에서는 '정직', '정도'라는 것이 때로는 맥을 못 춘다. 물론 '투명성' 같은 것은 말할 것도 없다. 그래서 가장 그럴듯하게 만들어진 말이 이른바 '적당'이란 말이다. 어디에 '적당'해야 된다는 것인지, 어디까지가 '적당'한 것인지 분명치 않다. 이 말을 영어로 번역해 볼라치면 엉뚱한 뜻으로 둔갑되어 오해를 사는 경우를 한두 번 겪은 게 아니다.

이 문제가 가장 두드러지게 나타나는 것이 아마도 공무원 사회가 아닌가 싶다. 필자도 공무원 생활을 근 20여 년간 해 봤기에 말할 수 있다. 아무리 똑똑하고 실력이 있다고 해도 윗사람의 '눈치'를 보지 않고 소신대로만 하다가는 왕따당하거나 잘리기 일쑤다. 장관의 신경은 지금 온통 청와대에 가 있는데 눈치 없이 국가의 장기 계획 같은 것에 몰두하고 있으면 앞에선 '수고한다', '잘한다' 칭찬하면서도 속으로는 '아무 도움이 안 되는 친구'로 낙인 찍고 결국엔 따돌려 버리니 맨날 그 자리에 멈춰 있게 되는 경우를 수 없이 봐 왔기 때문이다. 하기야 뒤집어서 생각하면 이것도 이해가 안 되는 것도 아니다.

어쩌다 운 좋게 줄을 잘 타서(이것도 '눈치' 잘 본 성과로) 장관 자리에 앉기는 했는데 이 자리가 한 달 갈지, 두 달 갈지 알 수 없고, 되도록이면 그 자리에 오래 있어야 하겠는데 모든 것이 청와대에 달려 있다 보니 온 신경이 다 거기에 가 있을 수밖에. 그러니 모든 정상적인 일을 제쳐 놓고서라도 모든 인맥을 동원해서 높은 사람의 심경, 관심사, 취향, 행방 등을 살펴서 귓속말로 보고해 주고 이에 따라 장관의 행동 방향을 건의해 주는, 그런 '눈치' 빠른 부하야말로 자기가 가장 필요로 하는 참모이면서 가장 '유능'한 공무원이 될 수밖에 없는 것이다.

'No' 할 수 없는 공무원 사회

공무원 사회에 있어서 또 하나의 큰 문제점은 다양성을 수용하지 못하는 것이다. 높은 사람이 될수록 아랫사람의 'NO'에 대한 똘레랑스(Tolerance)가 없다.

머리가 좋다고 해서, 박사라고 해서 그 숱한 돈을 들여서 데려다 놔 봐야 뭘 하겠는가. '생존에 신경 쓰는' 윗사람 밑에서 살아남으려면 결국 'No' 해야 할 것도 '눈치'

봐서 'Yes' 해야 하니까 눈치 빠르고 순발력 좋은 그런 아첨꾼들의 흐름에 따라 결국 'Yes' 하고 말게 된다. 그런 다음 '에이, 될 대로 돼라. 난 모른다'라는 심정에 달하고 만다.

그러니까 윗사람 눈치 보느라 'No' 해야 할 때도 'Yes' 하고 마는 인재나 박사가 백 명 있으면 뭐 하고 천 명 있으면 뭘 할까. 계급이 과장이면 뭘 하고 국장, 차관 또는 장관인 것이 무슨 소용이 있느냐는 말이다. 모두가 참모가 아닌 시키는 대로만 할 수밖에 없는 '사환'에 불과하니 조직이 크고 수가 많은 것이 무슨 소용이 있으랴.

과거 내가 공무원 생활할 때 겪은 일이었기에 지금은 그때보다 많이 발전했고, 많이 달라졌으리라 생각하고 있었는데 요즘 나라 돌아가는 모양을 보니 그렇지 않은 듯하다. 이야기를 들어보면 지난날보다 오히려 더 나빠지고 있다고 하지 않나.

'살려다가 오히려 죽는다' 이런 풍조는 공무원 사회에 국한된 것만은 아닌 것 같다. 모두가 살아남기 위해 울며 겨자 먹기 식으로 할 수 없이 '눈치'를 봐야 하고, 그래서 'No'를 못하는 '예스맨'이 되어 버리는데, 문제는 이러한 가치관이 결국에 가서 권력자를 독주하게 하고 오만하게 만들어 버린다는 점이다.

따지고 보면 그러한 권력자를 만들어 낸 것은 살아남으려고 '눈치'만 보고 적당주의로 'Yes'만 해온 부하들이며 국민들이라는 이야기가 된다. 살려고 하다가 오히려 죽는 꼴이 되고 마는 것이다. 그래서 '살려고 하면 죽고 죽으려고 하면 산다'는 성현의 말씀이 진리임을 새삼 깨닫게 된다.

대통령 앞에서라도 자기 소신 굽히지 않고 할 말 다할 뿐만 아니라 필요하면 싸워서라도 나라를 위하고 자기가 모시는 윗사람의 안보를 위해 충성을 다하는 참모가 있고, 백성이 있는 사회와 국가, 그런 충성심을 받아주고 알아주고 고맙게 여기는 아량 있는 지도자가 있는 그런 나라, 그런 대한민국이 언제쯤이나 되려는가.

_ 2006년 8월 3일

국제화의 선구자 싱가포르 이야기

　세계 여행도 어지간히 해 보고 큰 나라, 작은 나라, 잘 사는 나라, 못사는 나라 여기저기 다녀 보기도 하고 살아 보기도 했지만 그중에서도 나에게 가장 깊은 인상을 남긴 나라는 역시 싱가포르이다. 나라라고 하기보다는 하나의 큰 도시라는 표현이 더 어울릴 만큼 인구가 겨우 400만 명 정도이고 면적도 겨우 685.4㎢로 서울특별시와 맞먹는 정도다. 따라서 외형으로 봐서는 참으로 보잘 것없는 하나의 열대국(熱帶國)임에도, 싱가포르를 여행하는 사람이면 이 나라에 발을 내딛는 순간부터 몇 가지 놀라운 사실을 발견하게 된다.

　첫째는 국제 공항이다. 싱가포르의 현관이라고 할 수 있는 '창기 공항'은 그 크기나 시설 면에서 내가 다녀 본 어느 공항보다도 깨끗하고 편리하다. 무거운 짐을 들고 여기 갔다 저기 갔다 해야 하는 여느 공항과는 달리 입국 수속도 빠르고 세관으로 말하면 거의 '프리패스'나 마찬가지다. 공항으로부터 거의 일직선으로 난 고속도로를 30분가량만 달리면 바로 시내 한복판에 떨어지게 되는 것도 편리하거니와 무엇보다 뛰어난 것은 완벽에 가까운 서비스이다. 겉모양새보다 세련되고 질이 높은 서비스를 제공한다는 점에서 세계 제일을 자랑하고 있고 이것은 이미 널리 알려진 사실이기도 하다. 시가지를 걸어 보면 곳곳에 'Don't Litter. Fine $5.00(휴지를 버리지 말 것. 벌금 5불)'이라고 써 붙인 표지판을 볼 수 있다. 벌금을 부과해서 깨끗한 것인지 원래 깨끗한 거리인데 벌금 제도를 부여한 것인지는 알 수 없으나 하여간 깨끗하기로는 세계 최고다. 싱가포르의 택시를 타 보면 마치 '쇼퍼(Chauffeur, 기사)' 붙은 자가용에 몸을 맡긴 기분이다. 더욱이 웬만한 택시 운전사들은 말레이어에다가 영어를 할 줄 알고, 중국계로 보이는 운전사는 거의 대부분이 모국어인 중국어까지 구사한다. 택시 운전사가 외국어를 많이 알아서 뭘 할 건가 할지 모르지만 그만큼 우리보다 '국제화'에 앞서 있다는 증거이다.

다양 속의 조화

경제적으로 급성장한 싱가포르의 깔끔한 모습도 모습
이려니와 그보다 놀라운 것은 다인종국가인 이 나라가
이민족 간에 이루어 놓은 조화이다. '싱가포르 특유의
문화가 없다'고 말하는 사람도 있지만 나는 그렇게 보지
않는다.

이질적인 인종과 민족의 혼합 속에서 이루어 놓은 조
화야말로 싱가포르 특유의 문화라고 말하고 싶다. 이러
한 '다양 속의 조화'를 성취할 수 있었던 몇 가지 주요인
중의 하나는 그들의 '이언어(二言語) 정책'이 아닌가 싶다.
앞에서 운전사의 경우를 지적했지만 이 나라에서는 웬
만한 사람들은 다 2개 국어를 구사할 줄 안다.

그런데 여기서 주목할 것은 그들이 속한 민족의 모국
어를 잘 간직하면서 한편 공통어로서 영어를 사용하게
하고 있는 점이다. 싱가포르의 다수가 중국인인 것을 보
면 중국어를 국어로 삼을 만도 한데 그러지 않고 중국
어, 말레이어, 인도어(타밀어)의 등거리에 있다고 볼 수 있
는 영어를 공통어로 정했다는 점이 오늘날의 '다양 속의
조화'를 이루게 된 가장 큰 요인으로 보인다. 더구나 영
어가 국제어인 것을 보면 '싱가포르가 어디 아시아국이

냐'라는 농담 아닌 진담이 나돌 정도로 '국제화의 선구자'라고 불리게 된 것도 결코 무리는 아닌 것이다.

싱가포르에는 자원이 없다고도 하지만 싱가포르 내에서 공존하고 있는 각 민족이 자기네 모국과 정신적인 연계를 유지하면서 민족 상호 간은 물론 국제 사회와 커뮤니케이션이 될 수 있는 이들 국민 한 사람 한 사람이야말로 참으로 값있는 그 나라의 '자원'이 아닐 수 없다. 싱가포르의 이른바 이언어주의의 의미에 대해서 이광요 수상은 이렇게 말한 바 있다. "일언어주의자들은 세계를 하나의 안목으로만 보는 것과 마찬가지다. 다른 나라 언어를 통하여 아름답고 우아하고 신선하게 묘사된 풍부한 세계가 있을 수 있다는 것에 대해서 무감각 내지 무지할 수 있다, 이언어 정책을 통하여 개인의 세계관이 보다 균형 있는 것이 될 것으로 믿는다".

공부하는 안내양

하루는 시내 관광을 하려고 버스를 탔다. 안내양이 유창한 영어로 인사를 한다. 발음으로 봐서는 미국식보다 영국식에 가까운 깨끗한 말씀씨다. 먼저 버스 안에서의 안전 수칙과 관광객의 편의 도모를 위한 서비스의 종류, 그리고 요청 방법을 자상하게 알려 준 다음 손님들로부터 질문이 있는지를 물어보고 질문에 대해서 친절히 답해 준다.

버스가 움직이기 시작하면서부터 안내양의 본격적인 관광 안내 방송이 시작되는데 '어디서 그렇게 세련된 영어를 배웠을까. 이렇게 멋들어진 영어를 구사하면서 어떻게 해서 관광 안내양으로 있는 것일까' 할 정도로 유창하다. 잘하는 것은 영어뿐이 아니다. 왼편을 보시면 무엇이 어떻고 오른편을 보시면 이러이러한 것이 있는데 그것은 이러이러한 배경을 갖고 있다는 등 안내하는 대로 고개를 오른쪽, 왼쪽 쉴새 없이 돌리다 보니 목이 아플 정도였다.

내용만 하더라도 다른 나라에서 흔하게 겪는 판에 박힌 것이 아니고 모름지기 창의적인 내용임을 감지할 수 있었다. 예를 들면 명소에서 명소로 가는 막간을 이용하여 거리를 걸어 다니는 시민들의 옷차림을 들어 최근 유행을 설명하는가 하면, 최근 이 나라 젊은이들의 새로운 가치관이나 간단한 자동차 운행 법규라든지 쇼핑에 필요한 지식, 하다못해 물건을 싸게 사는 방법까지 손님들을 웃겨 가면서 설명해 준다.

특히 인상 깊었던 것은 버스가 차이나타운에 다다랐을 때였다. 차이나 타운에 대한 역사적 배경과 특징 등을 설명한 후 "다른 어느 나라에서도 그렇듯이 싱가포르에도 소매치기는 있습니다. 특히 이곳 차이나 타운은 좀도둑이 많아서 모처럼 싱가포르를 찾아온 외국 관광객들이 유쾌하지 못한 경험을 하게 되기 때문에 여러분들께서는 그러한 불행한 일을 당하지 않도록 이곳에서 쇼핑하실 때 각별히 주의하셔야 합니다. 그리고 또한 이곳은 수많은 종류의 탐스럽고 맛있는 과일을 싸게 살 수 있는 곳으로도 유명합니다. 그렇지만 먹음직스럽다고 성급하게 그 자리에서 금방 잡수시진 마세요. 비위생적일 수 있으므로 가급적이면 숙소에 돌아가신 후 잘 씻으셔서 잡수시는 것이 좋을 것으로 생각합니다"라고 말해 주기도 한다. 손님이야 피해를 보든 말든 사회의 어두운 면이나 수치스러운 일일랑은 아예 감추어 버리고 좋은 이야기만을 늘어놓으려는 우리나라를 비롯한 내가 다녀본 몇 나라의 관광 안내 방식과는 너무나도 대조적이다. 여기서도 '내 편한 대로(Going my way)'가 아닌 손님 위주의 정직한 안내가 이 나라 이미지 향상에 오히려 플러스가 됨을 실감했다.

하도 기특해서 점심 시간을 이용하여 그녀의 상냥하고 재치 있고 풍부한 내용의 관광 안내에 대해서 칭찬을 해 주고 호기심에 몇 가지를 묻지 않을 수 없었다. 영어는 고등학교에서 배웠으나 취미가 있어서 독학으로 발전시켰고, 단기 대학의 2년짜리 관광 코스를 수료하여 3급 관광안내원 자격증을 소지하고 있으며, 장래 희망이 1급 관광안내원 자격을 획득하는 것이라고 했다. 1급만 따면 정부의 국장급 봉급을 받게 되며 아파트까지도 제공받는다는 것이다. 매년 2회 추가 자격 시험이 있는데 이를 위해서 야간 대학을 다니면서 집중적으로 준비하고 있다는 것이다. 그날 들려준 관광 안내 텍스트의 약 60%는 관광청에서 지정해 준 내용이고 나머지는 자기 스스로 연구 개발한 내용이라면서 승급할 수 있는 자격 요건 속에 가장 중요시되는 것이 '창의 개발 능력'이므로 책을 많이 읽도록 힘쓰는 것은 물론 매일매일 새롭고 오리지널한 내용으로 손님을 대하도록 힘쓴다는 이야기에 깊은 감명을 받았다. 관광 안내원에게까지도 개인의 노력 여하에 따라 얼마든지 발전할 수 있도록 인센티브 시스템을 철저히 마련한 정부의 장기적인 안목과 지혜로운 정책도 훌륭하려니와, 꾸준히 노력하는 이 안내양의 진지한 모습에서 이 나라의 힘과 슬기를 보았다.

_ 2006년 7월 20일

잘못된 영어가 빚어낸 나라 망신

또 그 '영어'가 말썽이로구나. 영어 자체가 잘못됐다거나 나쁜 것은 아니지. 그런데 유독 이 나라에는 영어가 들어서 사람 살아가는 데 아니 나라 살림에까지 생각지도 못할 만큼 큰 영향을 주고 있으니 말이다. 언어란 것, 특히 외국어는 필요해서 배우고 혹 재미있어서 배우기도 한다는데 우리나라에서만은 그 차원을 훨씬 넘어서 국민 의식이나 감정을 좌우하기도 하고 때로는 국가의 체면을 손상시키는 화근이 되기도 하여 정치 문제로까지 발전하기에 이르고 있으니 희한한 일이 아닐 수 없다. 이런 일은 다른 나라에서는 도저히 찾아볼 수 없는 특이한 현상이기도 하다.

한국형 영어 교육의 기형성

국제화가 되어 가는 과정에서 지금은 세계어가 되어 버린 영어를 잘할 수 있어야만 좋은 학교에 들어갈 수 있고, 좋은 데 취직도 되고 모두가 꿈꾸는 '글로벌 리더'가 될 수 있다고 믿기에, 엄청난 희생을 무릅쓰고 학생도 부모도 교육 당국도 총력을 다해 영어 교육에 임하고 있음은 우리 모두가 잘 알고 있는 현실이다. 한 가지 우리가 잘 모르고 있는 사실은 한국인의 영어에 대한 비상한 관심과 영어 교육에 대한 열기와 그 많은 시간적·재정적 투자나 희생에 비해서 결과가 별로 좋지 않다는 점이다. 좋지 않은 정도가 아니라 '기형적'이라는 것이 많은 외국인 관찰자들의 한결같은 고백인 것이다.

10년이 넘도록 영어 공부를 했으면서도 길을 묻는 관광객 앞에서 입도 벙긋 못하고 법석을 떠는 한국 대학생, 토플, 토익 시험에서 거의 만점을 따 놓고도 간단한 인터뷰에서 합격점을 못 받는 유학 지원생들, 남들이 다 가니까 나도 가야겠다고 부모의 피땀 어린 돈으로 해외 어학연수 몇 년씩 하고 돌아와서도 취직 시험에서 간단한 영어 편지 한 장 제대로 써 내지 못하는 취직 지망생들 등은 국내외적으로 하도 널리 알려져 있는 이야기라서 놀라거나 창피하게 받아들여지지도 않는 진부한 화제가 되어 버렸지만, 그래도 아직까지는 집안의 부끄러운 사정을 서로 봐주고 덮어 주고 얼버무리고 지내왔었던 것이 사실이다.

국제협약문의 번역 오류 사건

며칠 전 신문에서 우리나라의 운명이 걸려 있다는 한-미 FTA 협정과 한-EU FTA 협정문에서 200군데 이상의 번역 오류가 발견되어 2008년 이래 그 오랜 진통 끝에 모처럼 국회 본회의까지 상정된 두 FTA 비준 동의안을 철회할 수밖에 없게 됐다는 보도기사를 보게 되었다.

나라와 나라 간에 국제협약을 체결하는 중대 협정 문서 속에 잘못된 번역이 한두 군데 있다면 몰라도 200여 군데가 발견됐다고 하니 도무지 상상이 가질 않는다. 직접 보지 못했으니 뭐라고 구체적인 말을 꺼낼 수가 없지만, 무슨 이런 일이 다 있을 수 있는지 모르겠다. 번역을 잘할 만한 사람이 없어서 그렇게 됐다는 것인지, 번역이 잘못된 것을 판단할 수 있는 능력을 갖춘 사람이 없어서 그랬다는 것인지, 책임 부서가 너무 바빠서 시중에 있는 싸구려 번역사에게 용역을 주고 감수하는 과정을 제대로 거치지 않아 생긴 행정적 미스인지, 그렇지 않으면 실력이 없는 사람을 실력이 있는 것으로 착각하고 일을 맡겼는데 감당을 못하게 되자 직무 유기해버린 것인지 어떻게 된 것인지 정말 궁금한 일이 아닐 수 없다. 국가의 중요한 외교 문서가 기안 단계에서 책임 부서를 거쳐 국회에 상정되기까지는 최소 7~8회의 검토와 결재 과정을 거치는 것이 통례라고 알고 있는데 200개의 번역 오류가 있는 국제 협약 문서가 어떻게 무사 통과해서 국회에까지 올라온 걸까? 이제야 비로소 문제화된 배경은 도대체 무엇일까? 능력 부족인지, 관리 소홀인지, 직무 유기인지, 제도의 모순인지 아니면 무슨 음모가 있는 것인지…. 혹 이 모든 것들의 종합적인 결과일까?

원인을 밝히나 마나 옛날부터 우리나라에는 영어에 대한 인식과 영어에 대한 교육에 문제가 많았던 게 사실이다. 저 사람 실력 있다고 하면 으레 영어 실력을 말할 정도로 영어가 중요시되면서도, 영어 공부를 개방적으로 하는 사람들은 환영 못 받고 때로는 혐오의 대상이 되곤 한다. 미국 유학이 소원이라면서도 대학 영문과 교실에서 영어로 강의하는 것은 반대한다. 파티 같은 모임에서 자기보다 영어 구사력이 능란한 사람을 보면 갑자기 주눅이 들어 할 말도 못해 버린다. 공무원 사회에서 어쩌다가 외국인으로부터 영문 편지라도 받게 되면 골치 아픈 일거리로 취급, 묻어 두거나 책임 전가한다. 조직 산하에 영어 잘하는 부하가 있으면 항상 부려먹을 생각만 했지, 앞길 열어 주고 높여 줄 생각엔 극히 인색하다.

강압적 영어 교육의 역작용

위와 같은 특이한 배경 때문에 내가 생각하는 영어 교육의 가장 근본적인 문제점은, 영어의 차별화 교육, 전문화 교육의 결핍 또는 부재이다. 싱가포르나 인도처럼 역사적 특수성으로 인하여 영어가 공식 국어로 통용되는 그러한 나라가 될 수 없는 우리나라에서는 영어가 아무리 필요하고 세계화의 필수 과정이라 하더라도 어느 수준까지는 몰라도 국민 모두가 영어를 통해서 평가받는 그러한 가치관을 향한 교육은 일단 불가능함은 말할 것도 없고 엄청난 낭비와 심각한 부작용을 초래한다는 것을 교육 당국뿐만 아니라 국민 모두가 깨달아야 한다는 것을 강조하고 싶은 것이다.

수십 년을 공부하고도 간단한 인사조차 제대로 하지 못하는 '죽은' 영어 교육은 우선 지양되어야 한다. 영어 단어를 2,000개씩, 3,000개씩 외우고 있으면 뭘 하겠는가. 단어 100개 정도로도 관광 안내, 손님 대접 거뜬히 해내는 동남아의 비치 보이보다도 못한 것이 현실이다. 영어 보편화 교육은 글로벌 시대를 사는 우리에게 꼭 필요한 것이므로 과거의 고질적인 시험 공부 위주의 교육 방식은 하루속히 탈피해야 한다.

그렇다고 해서 억지 교육은 할 필요가 없고 해서도 안 된다는 것이 나의 주장이다. 억지로 하는 영어 공부에서 발전을 기대할 수 없고 그것은 오히려 역작용만 일으킨다. 언젠가 내 칼럼에서도 언급한 바도 있지만, 나와 친분이 있는 모 대학 영어학 교수에 의하면 당시 반정부 시위에 참여했던 자기 대학 학생들의 대부분이 평소 영어 수업 시간에 들어오지도 않거나 성적이 좋지 못한 학생들임을 발견하고 충격을 받았다는 이야기를 들은 바 있다. 나 자신도 영어를 가르쳐 본 경험이 적지 않지만, 이상하게 자존심 내세우고 반발하는 학생들을 가끔 볼 수 있었다. 어느 외국인 영어회화 선생이 쓴 기사에서도 한국 학생에게 영어회화 가르치는 것이 너무나 힘들어 그만두고 다른 나라로 간다면서 하는 말 중에 발음을 고치려고 내민 자기 손을 뿌리치면서 화를 내면서 교실을 나가 버리는 학생이 있는가 하면, 미국식 발음 강요 말라고 하면서 '점잖게' 가르치라는 충고까지 있었다는 것이다. 물론 이런 일들이 일반화된 현상으로 나타나고 있는 것 같지는 않다고 하고 또 정권이 바뀔 때마다 조금씩 차이를 보이기도 한다는데, 한 가지 분명한 것은 이것이 한국에서만 볼 수 있는 아주 특이한 케이스라는 것이라는 점이다. 이것은 많은 나라를 두루 다니며 영어를 가르친 바 있는 경험이 많은 외국인 영어 선생들의 경험담에서 읽을 수 있는 사실이다. 그중 어느 기사에서는 비슷한 경험을 거듭한 나머지 이 현상이 혹 한국인의 특이한 DNA와 관련되는 것이 아닌지 추측해 보기까지 한다. 말하기가 조심스럽지만 최근 카이스트에서 발생한 몇 학생들의 자살 사건도 영어 강의를 강행해 온 교육 방침하고 관련이 전혀 없다고 단정할 수 있을는지 모르겠다.

그래서 결론적으로 나는 이렇게 주장한다. 기본적으로 영어 교육은 향학열이 있고, 소질이 있고, 즐기는 대상을 선별해서 집중적으로 또는 전문적으로 가르치고 육성하는 영어 교육 정책을 쓰라는 이야기다. 하기 싫다는 공부를 억지로 시키려고 하지 말라는 이야기다. 과학자 되려는 학생에게 영어라는 부담을 주어 좌절시키지 말라는 것이다.

막대한 시간과 돈과 에너지를 쏟아 부어 싫어하는 사람, 반발하는 사람, 소질 없는 사람들까지도 합해서 개병 제도처럼, 다 교육시키려고 하다가 이것도 저것도 아닌 수준의 사람들만 양산하여 나라 망신시키지 말고 고도의 전문성을 요하는 국가적, 국제적 업무를 흠 없이 수행할 수 있는 인재 교육에 총력을 다하라는 말이다. 총력을 다한다는 말은, 발굴하고, 선별하고, 집중 교육시키고, 각별한 대우를 해 주고, 존중해 주는 것까지를 말한다. 그래야 '한-EU FTA 및 한-미 FTA 협정 번역 오류의 정치 문제화' 같은 국치적(國恥的) 사건을 미연에 방지할 수 있지 않을까 생각한다.

_ 2011년 4월 18일

내 눈에 비친 미국의 저력

주일 대사관에서 공보관으로 근무하고 있을 때의 일이다. 수백 명에 달하는 동경 주재 외신 기자들과 접촉하는 것이 내 일이었다. 외신 기자들과 자연스럽게 접촉하기에 가장 편리한 곳은 '유락쪼'에 있는 외신 기자 클럽이었다. 그래서 밤낮으로 이곳을 출입하곤 했다. 이 클럽의 시설과 행사의 다양성 내지 규모는 단연 세계 제일이다.

여러 가지 자체 행사 중에서도 가장 비중이 큰 것은 이른바 '프로페셔널 오찬'이다. 월 1, 2회 있는 행사로서 세계의 명사들을 초청하여 강연을 듣고 질의 응답하는 것이 행사의 내용이다. 내가 재임할 당시 우리나라 사람으로 이 오찬에 초대되어 각광을 받은 인사로는 고(故) 함병춘 대사, 김기환 전상공부장관, 김덕중 서강대학교

134

교수를 들 수 있다. 1982년 1월 6일 수요일, '프로페셔널 오찬'에 초대된 연사는 주일 미국 대사인 마이크 맨즈필드 씨였다. 미국과 일본간의 무역 마찰을 둘러싸고 워싱턴에서는 주일 대사가 좀 더 적극적인 자세로 일본 정부에 압력을 가해야 될 것이 아니냐는 강력한 여론이 들끓고 있을 때였으므로 맨즈필드 대사의 강연은 주일 외신 기자들은 물론 일본에서 근무하는 각국 외교관, 실업인을 비롯하여 주재국의 정치가, 관리 등 많은 사람들에게 관심의 대상이 아닐 수 없었다. 그것을 입증하듯 오백 명을 수용할 수 있는 기자회견장이 입추의 여지도 없이 꽉 메워졌다. 언변이 좋기로 유명한 80대 고령의 맨즈필드 대사는 약 삼십 분에 걸쳐 대미 무역에 관한 일본의 문제점들을 지적하면서 시장을 개방하고 보호주의를 완화하여 공존의 길을 모색함이 일본의 장래를 위해서도 도움이 될 것이라고 부드럽게, 그러면서도 힘있고 엄숙한 어조로 역설하였다.

강연이 끝나자 질문권을 요청하는 기자들의 손이 우후죽순처럼 솟구쳤다. 질문권을 얻은 첫 기자는 주재국의 모 일간지를 대표하는 일본인 기자였다. 질문 내용은 대략 이러했다.

"대사께서는 일본이 경제적으로 다소 희생하는 한이 있더라도 미국과 협조하는 것이 일본에게 유익할 것이라고 하셨는데, 우리 일본 사람들이 바라보고 있는 오늘날의 미국은 강탈과 살인과 마약과 인종차별과 마피아와 동성 연애, 그리고 애국심이 없는 나약한 젊은이들이 거지같은 모습으로 몽롱한 눈을 하고 거리에 나자빠져 있는 그러한 나라의 이미지로 각인되고 있습니다. 일본이 이처럼 퇴폐화되어 가고 있는 당신네 나라와 협력해서 과연 무슨 소득이 있을 것이라고 대사께서는 생각하시는지 말씀해 주시기 바랍니다."

일본인치고는 놀랄 만큼 명료하고 유창한 영어로 자신이 넘치면서도 어딘가 냉소적인 칼날 같은 질문이었다. 때가 때이니만큼 이 독(毒)을 뿜는 듯한 질문에 회견장에는 얼음장 같은 정적이 감돌았다. 물을 한 모금 마신 뒤 맨즈필드 대사는 입을 열었다.

"일본 기자의 미국관에 대해서 구태여 부정하고 나설 생각은 없습니다. 지금 지적하신 그러한 모습의 미국도 미합중국 속에 분명히 있음을 솔직히 시인합니다. 그러나 그것이 미국의 전체적인 면모가 아님을 나는 자신 있게 말씀드릴 수 있습니다. 미국도 한때는 길가에 떨어진 오 전짜리 동전이 경찰서에 어김없이 신고되던 좋은 때가 있었습니다. 그러나 인류 문명의 운명적인 흐름 속에서 오늘날의 미국은 여러분들이 보시는 것처럼 매우 어려운 역사적 시련을 겪고 있는 것이 사실입니다. 그러나 한 가지 분명한 것은 이러한 어려운 시련 속에서도 미국은 이에 굴하지 않고 착실히 또 꾸준히 그것을 극복해 가고 있다는 사실입니다. 여기서 제가 말씀 드리고 싶은 것은 이러한 시련이 당신네 나라 일본에도 닥쳐 오지 않는다는 보장은 없을 것이라는 생각입니다. 아니 이미 닥치고 있을지도 모릅니다. 이러한 시련을 당했을 때 우리 미국 국민들이 그것을 극복해 가고 있듯이 일본 국민들도 지혜롭고 용기 있게 극복해 나갈 수 있기를 진심으로 바랍니다."

대사의 답변이 끝나자 모든 참가자들은 일제히 일어서서 장내가 떠나가도록 우레와 같은 박수를 보냈다. 옆에 있던 미국 기자의 눈에서 눈물이 번득였다. 언제나, 무엇에 대해서나 어두운 면에 집착하여 비판적인 것으로 악명이 높던 이 친구의 눈에서 눈물이 웬 말인가. 내가 놀란 표정으로 바라보고 있음을 의식했는지 나를 향해 조금 떨리는 목소리로 "우리나라에 저런 위대한 대사가 계시다는 것, 참 흐뭇하군요. 안 그래요?(He sure is one hell of an Ambassador we've got, isn't he?)" 하고는 눈물을 감추려 애쓰면서 웃음을 지어 보이는 것이었다. 이날 이 순간 80세 고령인 노대사의 명철한 통찰력과 늠름하고 자신에 넘치는 답변에서, 그리고 누가 뭐래도 자기의 소신을 굽히지 않고 생명을 걸어 놓고 글쓸 줄 아는 이 미국 기자의 눈물 어린 얼굴에서 나는 미국이란 나라의 저력을 또 한 번 실감했다.

_ 2006년 8월 24일

공공장소에서 남을 배려하는 자녀 교육

유학 시절 두 딸을 둔 미국인 의사 부부와 친교가 있어 종종 그 집에 저녁 초대를 받은 일이 있었다. 당시 외국 생활이 익숙지 못했던 필자로서는 그 초대를 통해 많은 것을 느끼고 배울 수 있었다.

그중 가장 인상적이었던 것 중의 하나는 부모와 두 딸 사이에 이루어진 자연스럽지만 동시에 엄격한 규율이었다. 초대받은 어느 날 필자는 저녁 식사 후 네댓 살쯤 되어 보였던 수지에게 만화책을 읽어 주고 그림 그리는 것을 도와주었다. 신이 난 수지는 내 손을 끌면서 또 다른 놀이를 하자고 하였다. 그때 수지의 어머니가 "이제 그만하고 손님께 인사하고 가서 자야지"라고 말했다. 웃음 띤 얼굴에 부드러운 음성이었다. 수지는 "아, 엄마…" 하며 애석하다는 표정으로 그 말에 순순히 따랐다. 그러고는 자기 방에 갔다가 다시 돌아오더니 "엄마, 그래도 아저씨한테 굿나잇 키스는 해달라고 해도 돼죠?"라고 하며 내 손을 끌고 자기 방으로 갔다. 잠자리에 들면서 뽀뽀해 주는 나에게 "안녕히 주무세요, 아저씨. 행복하게 해주셔서 감사해요(Goodnight, Mr Cha. Thank you for making me so happy)" 하면서 또 와 줄 것을 약속해 달라고 하곤 잠들었다. 저녁 8시 반경의 일이었다. 더 놀고 싶은데도 자야 할 시간이 되면 자야 한다는 부모의 가르침에 순종할 줄 아는 그 아이도 매우 기특하려니와 아이들을 그렇게 길러낸 부모에게도 경의를 표하지 않을 수 없었다.

그 후에도 여러 가정에 가 볼 기회가 있었는데 여유있게 잘사는 집안일수록 어릴 적부터 규모 있는 자녀 교육을 하고 있음을 알 수 있었다.

말 안 듣는 우리 아이들

해외에 나가 살게 되면 칵테일파티나 만찬에 초대받아 부부 동반하여 외출하는 경우가 종종 있다. 또 초대받은 만큼 이쪽에서도 손님들을 초대하여 대접하는 것이 상식으로 되어 있다. 그럴 때 격식을 갖춘다는 것이 쉬운 일이 아니며 외국어 구사력마저 부족하다 보니 우리나라 사람이 능란한 호스트가 되기란 무척 어려운 일이다. 대체로 우리는 격식이나 언어 문제에선 그들에게 뒤떨어지는 반면에 음식 솜씨가 월등하여 손님들을 즐겁게 한다. 우리의 주부들이 한국의 독특한 음식을 알뜰하게 잘 만들어 우리나라 외교, 홍보에 중요한 일익을 담당하고 있음은 자랑스럽고 대견한 일이다. 반면에 우리나라 부모들의 자녀에 대한 태도는 그들을 무척 난감하게 만든다. 애들을 얼마나 제멋대로 길렀으면 파티에 가야 할 부부가 자녀들을 설득하지 못해 울고불고하는 아이들에게 매여서 약속된 부부 동반 참석에 늦거나 때로는 초대받지 않은 애들을 데리고 파티장에 나타나겠는가. 호스트와 다른 손님들은 당황할 수밖에 없는 일이다. 손님을 초대했을 경우에도 마찬가지다. 내 집이고 내 아이니까 조금 떠들어도 괜찮겠지 하는 생각으로 처음엔 방관하다가 점차 타이르고 달래고 나중에는 소리 지르고 때리기까지 한다. 애들 다스리랴, 손님 접대하랴 무슨 난리를 치르는 것 같다. 손님들은 차려진 음식을 먹는 둥 마는 둥 적당한 이유를 대고 슬며시 자리를 뜬다.

기 살리기 육아?

해외에서 겪은 일이다. 그곳에 체류 중인 한국인 몇 가족과 함께 외식하려고 고급 레스토랑을 찾았다. 이름 난 곳이라 서비스도 훌륭했고 손님들의 수준도 꽤 높은 곳이었다. 식사가 끝나갈 무렵 우리 일행 중 가장 젊은 부부의 두 사내아이가 장난을 치며 떠들기 시작했다. 그러다 조금 후엔 식당 안을 운동장처럼 뛰어다니며 소리를 질러 댔다. 여기저기서 짜증스러운 불평이 터지기 시작했다. 손님들로부터 항의를 받은 매니저가 우리 테이블로 와서 매우 송구스러운 표정으로 아이들이 다른 사람들에게 방해되지 않도록 해 달라고 부탁했다. 이 대목에서 또 한 번의 난센스가 벌어졌다. 이 젊은 부부는 사과하는 대신에 오히려 매니저에게 호통을 치며 야단을 쳤다. 천진난만한 아이들이 좀 놀기로서니 그걸 문제 삼는 놈이 누구냐는 것이었다. 이때 싸움을 말리느라 무척이나 진땀을 뺀 기억이 있다. "애들의 기를 죽여서는 안 된다"는 것이 당사자의 굽히지 않는 소신이었다.

언제부턴가 우리나라에는 자녀를 자유분방하게 키우는 것이 마치 여유 있고 개화된 현대 가정의 '상징'처럼 되고 있다. 어리광이란 어리광을 다 받아주고 나아가 그

것을 남 앞에서 과시하는 풍조마저 있다. 고생한 부모가 어떻게 해서라도 자기 자식만큼은 호강스럽게 그리고 이른바 '구김살 없이' 기르려는 한 맺힌 소망은 이해가 간다. 그러나 우리가 직면하고 있는 여러 가지 사회 문제, 그중에서도 청소년 문제를 생각해 볼 때 이제는 뭔가 좀 달라져야 할 때가 아닌가 싶다. 더욱 국제인으로서 국제 사회에 나가서 활동하는 부모들은 각별한 관심과 노력을 기울여 애들을 규모 있게 기를 필요가 있음을 강조하고 싶은 것이다.

_ 2006년 5월 17일

칵테일파티에서의 지혜로운 처신

기본 개념

언제부터인가 우리나라에서도 서양식의 파티가 성행하기 시작했다. 현대 사회는 구조적으로나 기능적으로 복잡해져 가고 있고 또 다양화되어 가고 있다. 이것은 사람들의 만남이 많아져가고 있다는 것을 뜻하기도 한다. 서로 관계가 있는 많은 사람들이 만나서 얼굴을 익히는 데는 파티 이상 좋은 것이 없다.

파티에는 그것을 여는 호스트의 목적에 따라 여러 가지 형태가 있을 수 있고, 따라서 파티의 성격에 따라 처신하는 방법도 조금씩 달라질 수 있다. 그러나 어떠한 파티가 되든 간에 파티를 여는 사람이나 초대받아 참석하는 사람 모두가 바라고 노력하는 것은 두 가지로 요약

될 수 있다.

첫째는 파티가 즐겁고 유쾌한 분위기 속에서 진행되는 것이고 둘째는 될 수 있는 한 많은 사람들이 더 많은 사람들을 서로 알게 되는 것이다.

다시 말해 슬기로운 '파티 참석자(Party Goer)'는 파티에 참석하면 누구보다도 더 많은 사람들과 만나 친하게 될 뿐만 아니라, 파티 분위기까지도 바람직한 방향으로 이끌어 나가는 역할을 하게 된다.

필자는 국내외에서 수많은 파티에 참석해 보고 또 호스트가 돼 보기도 했지만, 늘 안타깝게 생각된 것은 외교를 전문하고 있는 사람들을 포함해서 일반적으로 한국 사람들은 파티에서의 처신이 다른 나라 사람들에 비해서 많이 뒤처져 있다고 느낀 것이다. 국제인으로 자격을 갖추어 나가는 데 가장 시급하고 긴요한 것이 아마도 이 파티, 특히 칵테일파티에서의 처신이 아닌가 생각되기에 한국인의 일반적인 경향을 중심으로 이야기해 보고자 한다.

온고지신

'온고지신(溫故知新)'이라는 말은 원래 중국의 『논어』에 나오는 표현인데 이 표현이야말로 파티, 특히 칵테일파티에 참석하는 사람이 꼭 기억해 둬야 할 원칙이 될 수 있는 명구이다. 파티와 관련해서 풀이한다면 '이미 알고 있는 친구들과는 대강 가벼운 인사로 그치고 새로운 사람들과 적극적으로 만나서 교제함이 슬기롭다'는 뜻이 된다.

한국 사람들이 많이 참석하는 파티에 가 보면 오히려 반대의 현상을 보게 된다. 모르는 사람은 본체만체하고 이미 잘 아는 사람을 굳이 찾아내어(심한 경우는 구세주 만난 듯 반기기까지 하면서) 이미 한 이야기를 하고 또 하고 모처럼의 파티에서 '냉신지고(冷新知故)' 하고만 있다. 많은 사람들과 만나려면 한 사람하고만 오래 이야기해서는 안 된다. 상대방이 놓치기 싫은 미인이라고 해서 붙어 있는 모습은 그다지 아름답지 못하며, 열을 올리며 주구장창 자기 이야기만을 연설조로 늘어놓는 것도 환영받지 못한다. 파티에서 심각한 이야기를 끄집어내어 논쟁의 분위기를 조성하거나, 지나치게 자기주장을 내세우는 것도 슬기로운 일이 아니다. 파티에서는 자기 이야기보다는 남의 이야기를 잘 들으며, 적절하고 재치있는 반응을 보이는 것이 지혜롭다. 그렇다고 너무 말없이 가만히 서 있다든지 먹고 마시는 데만 신경을 쓰고 있는 사람은 스스로는 실속 차리고 있다고 생각할는지는 모르나 의외로 눈에 잘 띄는 법이며, 호스트의 입장에서 보면 그런 사람은 다음 파티에는 부르고 싶지 않은 손님으로 인상이 남게 된다.

누비고 다녀라

파티에서는 일대일로 대화를 나누기보다는 셋씩 혹은 넷씩 그룹으로 대화를 나누는 것이 좋다. 그렇게 함으로써 한꺼번에 더 많은 사람들을 만나게 되고 화제도 다양해지며, 다른 자리로 옮길 때도 남아 있는 손님에게 큰 실례가 안 될 뿐만 아니라, 그중 누군가로부터 새로운 사람을 소개받을 가능성도 커진다. 자리를 뜰 때에는 화제의 진전을 잘 감지하여 크게 실례되지 않도록 해야 하며 꼭 "실례합니다(Excuse me)" 하고 양해를 구하고 뜨는 것이 좋다.

새로운 사람을 만날 때 소개를 받는 것이 제일 좋겠지만 소개해 줄 수 있는 사람이 없을 경우 주저할 필요는 없다. 파티라는 곳은 적어도 국제 기준에 의하면 일단 초대받고 참석한 사람들 사이에서는 누구라도 서슴지 않고 만날 수 있는 특권이 부여된 곳이다. 상대방이 일국의 대사라도 좋고 미스 유니버스라도 좋다. 서슴지 않고 접근하여 "May I introduce myself?" 또는 "Please let me introduce myself" 하고 자기 이름을 대면 얼마든지 대화가 가능하다.

국내의 파티에서 흔히 보는 현상으로는 높은 사람이 있을 경우 접근하려고 하지 않고 멀리 서서 바라보기만 한다. 결국 높은 사람들끼리 지루한 대화를 계속하지 않으면 안 되는 꼴이 되고 만다. 물론 높은 사람도 사람 나름이다. 다른 사람이 자기에게 오기만을 기다리지 않고 나서서 아랫사람들과 자연스럽게 섞일 줄 아는 사람도 있다. 그런 사람들이야말로 바람직한 국제인이라고 할 수 있다.

소개는 간단히

소개 이야기가 나왔으니 말인데 파티에서의 소개는 절대 길어서는 안 된다. 어디어디에서 근무하는 누구누구라는 이름과 직책만으로 족하다. 나머지는 자신들의 대화 속에서 얼마든지 이야기가 될 수 있기 때문이다. 아랫사람을 윗사람에게 소개할 때는 윗사람의 허락을 일단 얻고 소개하는 형식, 즉 "Mr. Johnson, May I introduce my friend Mr. Kim?"을 취함은 국내외적으로 통용되는 상식적인 소개법이다. 일단 소개받으면 어떻게 해서든지 그 사람의 이름을 기억해 두는 것이 무엇보다 중요하다. 조금 전에 이름을 대고 소개했음에도 불구하고 금세 잊어버리고 "What is your name?" 한다든가 "Don't you remember me?"라고 하는 등의 표현은 상대방에게서 유쾌한 반응을 얻는 데 지장을 주므로 될 수 있는 한 피해야 한다. 그러기 위해서는 서로 이름을 주고받을 당시 정신을 바짝 차리고 들어야 하며, 주위가 시끄러워 잘 파악이 안 되었을 때는 당장에 다시 물어서 확인하는 것이 지혜롭다.

이때 명함이라는 것이 필요하고 편리한 것이긴 하나 서로 잘 알기도 전에 명함부터 교환하는 데는 문제가 있다. 국제적인 관례로서 어느 정도 서로 알게 되고 유익할 것이라는 확신이 선 다음에 명함을 교환하는 것이 바른 소개법으로 되어 있다. 이쪽에서 미리 내어놓으면 저쪽에서도 내놓지 않을 수 없을 테니 불쑥 명함부터 내미는 것은 내놓고 싶지 않은 상대방을 본의 아니게 당황케 하는 결과를 불러올 수도 있다.

불필요한 인사

한국인 파티 참석자들이 파티에서 흔히 쓰는 인삿말 가운데서 본의 아니게 호스트나 다른 참석자들의 기분을 상하게 하는 결과를 낳는 것이 있는데 그것은 다른 사람들도 있는 데서 "저번에는 참 고마웠습니다"라든가 "어제 당신 친구 파티에 갔었는데"라고 하는 것, 혹은 "여기서 또 만나는구먼" 하는 것들이다.

이런 말은 다 이를 듣고 있는 다른 사람에게 "음, 나는 빼놨었구나" 하는 생각이 들게 하는 것으로 자기가 매우 인기 있는 사람이라는 것을 과시하는 결과는 될지는 몰라도 파티를 주최한 사람이나 다른 참석자에게는 전혀 도움이 되지 않는 말들이다. 지혜롭고 세련된 파티 참석자를 보면 초저녁 파티에서 만났던 사람을 또 다른 파티에서 다시 대면하게 되더라도 적어도 다른 사람들 앞에서는 일부러 모른 체한다. 그것은 어떻게 해서든지 다른 사람의 기분에 거슬리는 짓은 하지 않겠다는 생각에서 나온 예법인 것이다. 다시 말해서 파티에서는 다른 사람의 인간관계와 관련된 어떠한 발언도 삼가는 것이 현명하다는 것을 강조하고 싶다.

혹, 언어구사력이 부족해서 파티에서 환영받는 참석자로서 행세하기가 불가능하다고 비관하거나 체념하는 사람들도 있는데 천만의 말씀이다. 언어 구사야 잘하면 잘할수록 좋겠지만 말만 잘한다고 대접받는 파티 참석자가 되는 것은 아니다. 외국어를 잘해서 파티에서 혼자서만 떠벌리는 사람보다는 외국어는 그리 유창하지 않지만 필요한 이야기를 또박또박 알아듣게 하면서 남의 이야기를 차분히 잘 들을 줄 아는 사람이 오히려 환영받기 때문이다.

외국어 실력이 별로 없으면서도 파티에서는 언제나 인기가 있는 필자의 친구를 소개하고자 한다. 그의 영어회화 실력은 중하에 속한다. 그러나 그는 파티에 가면 누구에게나 서슴지 않고 접근하여 자기 소개를 하고 상대방의 이름을 잘 기억해두며, 남의 이야기를 열심히 듣고 모르는 말이나 내용에 대해서 서슴없이 물어본다. 그리고 어느새 상대방의 좋은 점을 발견하여 칭찬해 주고 상대가 좋아하는 것을 보면서 또 다른 사람에게로 옮겨가곤 하는데 명랑한 성격 탓도 있지만 다른 사람의 기분을 좋게 하겠다는 생각으로 파티에 임하고 그 거동이 자연스러워서 어느 파티에 가나 환영받는다. 세련되고 환영받는 파티 참석자는 남의 기분을 거스르는 말이나 행동을 삼가며, 한군데에 오래 머물지 않고 이른바 '헤엄치듯' 파티장을 누비고 다니면서 사람들을 만난다.

_ 2006년 5월 11일

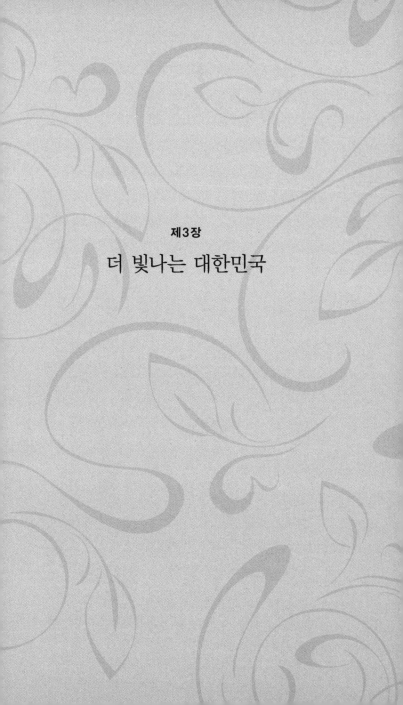

제3장

더 빛나는 대한민국

꿈을 가진 자가 승리한다

꿈은 무한한 가능성을 지니고 있다. 그래서 꿈을 가진 자는 강하다. 꿈은 모든 것을 초월할 수 있기에 때론 유행도, 전통도, 국경도, 역사까지도 바꿀 수 있다. 마틴 루터 킹 목사를 비롯한 많은 미국 사람들의 꿈이 모여서 현실주의자들의 예상을 뒤엎고 오바마 대통령을 탄생시켰다. 우리나라가 잘되려면 젊은이건 늙은이건 간에 꿈을 가진 사람이 많아야 한다. 그리고 꿈을 키워 주어야 한다.

해군에서 제대를 하고 나와서 1960년대 후반에 자그마한 회사를 차렸다. 각 분야의 재주 있는 사람들을 등록시켜 능력별로 분류하고 수요를 찾아서 공급하는 인력 회사였는데 때로는 당시에는 매우 어려운 일로 인식되어 있던 '국제회의 진행' 업무도 맡아 했다.

똑똑한 인재가 필요했다. 고심 끝에 대학생인 H양에게 도움을 청했고, 원했던 외국어 실력에는 못 미쳤지만 예리한 판단력과 일에 대한 열정이 대단해 파트타임 인턴으로 함께 일을 하기로 했다.

몇 달쯤 됐을 무렵이다. 뉴욕 한국 총영사관의 홍성욱 총영사로부터 한 통의 편지가 날아왔다. 홍 총영사는 나의 외삼촌이다. 편지 내용인즉 "총영사관 업무에 미국인 직원 쓰기가 크게 부담이 될 뿐만 아니라 일에 있어서도 별 도움이 안 되는 상황인데 마침 자네가 고급 인력을 확보하는 일을 하고 있다고 하니, 적당한 사람을 선발해서 외무부 경유해서 보내주게"라는 내용이었다.

당시만 해도 이런 일은 희귀한 케이스였기에 많은 후보자가 있었으나 이렇다 할 적격자가 없어서 홍 총영사의 수차에 걸친 독촉에도 불구하고 차일피일하면서 애를 태우고 있던 어느 날 미국 유학을 꿈꾸고 있던 H양이 자기가 적격이라면서 만족할 정도는 아니지만 일도 배우고 계획했던 공부도 열심히 해서 좀 더 넓은 국제무대에서 활동하고 싶단다.

무엇보다도 현재 나를 도와 사람 뽑는 일에 열중해야 하는데 회사를 떠나겠다는 의사 표시였기에 보스로서 섭섭하지 않을 수 없었다. 그러나 그 섭섭함도 잠깐,

그녀는 다음과 같은 이야기로 왜 내가 그녀를 뉴욕으로 보내지 않으면 아니 되는지를 잔잔한 말투로 설득하는 것이었다.

어릴 적부터 그녀는 미국에 가서 공부를 계속 하는 것이 꿈이었고 그것도 꼭 뉴욕엘 가고 싶어 했다고 한다. 뉴욕엘 가야 하는 큰 이유는 그곳엔 유엔이 있고 그외에 많은 국제기구들이 자리를 하고 있었기 때문이었다. 그래서 그동안 유엔뿐만 아니라 수많은 국제기구들에 관한 모든 자료를 수집해 왔단다. 그림엽서, 스탬프, 만국기가 걸려 있는 유엔의 정면 사진, 유엔 총회 개최 광경, 그리고 유엔에 관한 기사 등 닥치는 대로 수집했다. 그뿐만이 아니다. 국제기구의 역사, 기능, 조직, 유엔 가입국 명단 등에 대해서도 '유엔통(通)'이라 할 만큼의 광범위한 지식도 갖추고 있는 게 아닌가. 나는 놀랐다. 그리고 감동을 받았다. 내 개인 형편이나 회사 사정을 돌아볼 겨를도 없이 다음 문제는 나중에 해결하겠다는 생각뿐이었다. 이렇게 해서 H양은 다니던 학교도 멀리한 채 외무부의 필요한 절차를 거쳐 꿈에 그리던 뉴욕에 입성하였다.

수개월이 지났다. 홍 총영사로부터 편지가 왔다. 좋은 사람 보내줘서 고맙다는 이야기였다. 모든 일에 충실한

H양 덕분에 미국인 직원도 내보냈다고 한다. 적은 봉급으로 제대로 된 아파트를 구할 수 없었기에 영사관 내 직원 숙소에서 임시로 거주하면서 영사관의 업무를 충실하게 맡아 하는, 이 자그마한 아가씨 때문에 총 영사관이 활기가 충만해 있다는 놀랍고 반가운 소식이었다. 이 편지를 받고 얼마나 기쁘고 뿌듯했는지 지금도 그때를 잊지 못한다.

그래도 나의 걱정은 그녀의 영어 실력이었다. 서신 연락은 영어로만 쓴다는 약속을 하고 떠났으나 처음 몇 달은 힘들게 쓴 흔적이 보였다. 하지만 여러 달이 지나면서 영어다운 영어로 쓰기 시작하는 것이 아닌가. 그 후 한동안 편지가 뜸해 웬일인가 했더니 뉴욕에 있는 그 유명한 헌터 칼리지에 다니느라고 바빠서 편지도 못 썼노라면서 정치학과 경제학을 공부하고 있다는 소식을 보내 오는 게 아닌가. 얼마 안 가서 그녀의 영어가 너무 세련되어져서 내가 답장 쓰는 것을 꺼려 할 정도에 이르렀다.

일 년쯤 지났나…. 그녀를 딸같이, 한가족같이 돌봐 주던 홍 총영사로부터 긴 편지가 날아왔다. 우루과이 대사로 발령이 나서 임지에 부임하려는데 대사관 업무에 없어선 안 될 H양이 학업 관계로 가기가 어렵다고 하니 설득해 달라는 간절한 편지였다. 물론 나는 H양이 왜 우루과이 대사관으로 갈 수 없는지 그 이유를 잘 알고 있었다.

홍성욱 대사가 우루과이 대사로 부임한 후 얼마 되지 않아서 H양으로부터 깜짝 놀랄 소식이 전해져 왔다. 유엔에 채용되었다는 것이다. 지금도 그렇지만 유엔에 채용되려면 보통 2, 3년 전에, 최소 1년 전에 지원서를 내놓고 전 세계에서 모인 수많은 경쟁자들과 어려운 심사과정을 통과해야 하는 면접 및 필기 시험 등을 거쳐야 하는 걸로 알고 있었다. 그러면 H양은 언제 유엔에 지원서를 냈단 말인가? 알고 봤더니 이미 총영사관의 추천을 받아 일찌감치 지원서를 냈었다고 한다. 아마도 2년 만에 인터뷰하러 오라는 연락을 받았던 것 같다. 결국 H양은 끈질긴 추격 끝에 어릴 적부터 꾸어 오던 그 평생의 꿈을 실현하게 된 것이다.

H양이 유엔에서 근무를 시작한 후 그녀 주변에 일어난 일들을 나는 잘 알지 못한다. 나도 이집트로, 도쿄로 근무지를 옮겨 다니면서 바쁘게 지내야 했기에 서로 연락이 닿지 못했다. 단지 간접적으로 들리는 소식은 한결같이 H양의 '슈퍼우먼' 같은 활약상이었다. H양이 처음 뉴욕에 와서 한국 총 영사관에서 보여 준 그런 희생,

헌신, 열정을 맡은 일뿐만 아니라 주변에 있는 사람들에게 쏟아 부었던 모양이다. 그래서 유엔에서도 없어서는 안 될 사람으로 널리 알려졌고 잠비아, 마다가스카, 자메이카, 루마니아 등 80여 개의 개발도상국을 돌며 그녀의 희생 정신을 보여 주어 모든 유엔 관계자들로부터 사랑과 존경을 받는 사람으로 현재 찬란하게 빛나고 있다고 한다.

내가 H양으로 불러 왔던 그분이 바로 지난 2월 5일 KBS 2TV의 〈지구촌 네트워크 한국인〉에 소개된 바 있는 국제연합개발계획(UNDP) 양성평등국장 한석란 씨이다. 한 국장은 2002년부터 2007년까지 루마니아 주재 유엔 대사로 있으면서 큰 공을 세워 루마니아 대통령으로부터 '그랜드 크로스'라는 최상급에 속하는 공로 훈장을 받은 바 있고 그 외에도 수많은 수상 경력의 그녀는 현재 유엔에서 남성과 여성의 고용 비율을 50대 50이 되도록 노력하는 일의 책임자로서 혼신을 바쳐 일하고 있다.

그 한석란 국장이 내달 3월 1일부터 약 1주일간 한국을 방문하게 된다. 해외에서 한국을 빛내고 있는 해외 동포에게 주는 'KBS 해외동포상'이 한석란 씨에게 수여될 예정이다.

한국의 젊은이들이여, 꿈을 가져라. 꿈을 가지고 목표를 정하고 실패를 두려워 말고 열정적으로 도전하는 자에게 하나님이 기회를 주시고 그 길을 평탄케 하신다.

_ 2009년 2월 18일

세계를 놀라게 한 큰절

2012 런던 올림픽이 많은 감동적인 이야깃거리를 남기고 막을 내렸다. 우리나라는 12개 종목에서 금메달 13개, 은메달 8개, 동메달 7개를 따내며 당초 예상을 훨씬 뛰어넘는 좋은 성적을 거두며 폭염 속에서 지치고, 혼탁한 국내 정치에 시달려 찌들어 있던 5,000만 국민들은 기쁨과 감동을 선물받았다.

여기서 나는 우리 선수들과 대표단에게 국민의 한 사람으로서 '특별 금메달' 하나를 추가 선사해 주고 싶어졌다. 그 상의 이름은 '감사상'이다. TV를 통해서 각종 경기를 관람하면서 느낀 것은 우리 선수들이 인터뷰에서 한결같이 빼놓지 않고 하는 말이 있다는 점이었다. 그 말은 바로 감독(코치), 선배 그리고 부모의 뒷바라지 또는 '국민의 성원'에 대해 감사한다는 말이었다. 자기의 힘이나 노력만으로 된 것이 아니라는 고백인 것이다. 어떤 선수들은 자기가 믿는 신에게 손을 모아 감사하는 것을 본다. 다른 나라 선수들은 어떻게 하나 하고 봤지만 대부분의 선수들이 하는 말은 '이겨서 기쁘고 행복하다', '최선을 다했다', '자랑스럽다'라는 말로 그쳤고, 누구에게 감사하다는 말은 별로 들어보지 못했다. 그중에서도 가장 가슴 뭉클했던 장면은 남자 레슬링 66kg급의 결승에 올라간 김현우 선수가 헝가리 선수를 꺾고 금메달이 확정된 후 제일 먼저 방대두 감독에게 넙죽 엎드려 큰절을 올리는 장면이었다. 그는 연이어 태극기 앞에서도 무릎을 꿇고 절을 올렸다. 이 절은 아마도 힘들 때 자신을 채찍질해 주고 성원해 준 대한민국 국민에게 올리는 감사의 절이었을 것이다. 이 장면을 본 국내 네티즌들은 '소름이 돋을 정도로 감동을 받았다'라고 하였고 외신들도 다소 의아해하면서도 '한국의 특이한 예법'이라고 묘사하는가 하면, 런던의 어느 스포츠지는 '한국이 오늘날과 같은 스포츠 강국이 되는 데 틀림없이 기여하고 있는 값 있는 스포츠 정신'이라고 평하였다고 한다.

2012 런던 올림픽 한국 선수단이 '특별 금메달'을 받아 마땅한 또 하나의 이유는 우리 국가 대표 선수단이 8월 9일에 런던 세인트 폴 대성당 내에 설치되어 있는 6·25

참전 기념 시설을 찾아가서 참배하고 감사와 경의를 표하고 돌아온 귀한 걸음을 했기 때문이다. 이곳에 비치되어 있는 한국전 참전 기념패는 1999년 영국 한국전 참전 용사회에 의해서 제작된 것으로 참전 영국군에 대한 추모의 글과 유엔기, 태극기, 영국군 각 부대의 상징 마크가 새겨져 있다.

영국군은 6·25 전쟁 발발과 함께 대한민국을 돕기 위해 육군 2개 여단과 해군 함정 9척, 공군 1개 비행단, 총 56,000여 명의 인원을 보내 왔으며, 이 중 1,078명이 전사하고 2,674명이 부상을 당하였다. 이는 6·25 전쟁 기간 동안에 한국을 지원했던 유엔 21개국 중 미국 다음으로 많은 참전자와 부상자 숫자인 것이다.

이번 올림픽 국가대표 선수단의 영국 6·25 참전 용사 참배의 의의는 매우 큰 것이라 할 수 있다. 6·25 전쟁 당시 대한민국의 자유와 평화를 지키기 위해 이역만리까지 달려와 목숨을 바친 영국군 용사들의 넋을 기림과 동시에 그들이 목숨 걸고 지켜낸 자유민주주의를 토대로 세계 10위권의 경제 대국이자 스포츠 강국으로 도약한 대한민국 국민들을 대신해 감사의 마음을 전한 것이기 때문이다. 그 바쁜 일정에도 불구하고 이 행사 진행에 우선순위를 두었다는 것은 참으로 높이 평가될 만하며 당연히 '특별 금메달'을 받아 마땅한 일이라고 생각한다.

누구에게 감사하고 경의를 표하는 마음씨와 자세는 참으로 아름답다. 아름답기 때문에 감동이 우러나고 감동은 때로는 눈물로 나타나 사람의 마음에 큰 변화를 일으키기 때문이다. 김현우 선수의 큰절이 국내외에서 큰 파문을 일으켰듯이 미국에서 어느 한국인 목사가 미국의 여러 교회를 다니면서 한국식 큰절로 큰 감동과 변화를 일으키고 있다는 이야기가 있다.

노무현 정권하에서 한국의 많은 젊은이들과 멋모르는 정치인들 사이에 반미 사상이 전염병처럼 번져 나가고 있을 때에, 이를 통분하게 여긴 한국의 젊은 목사가 부흥회 인도차 초청받은 미국의 어느 대형 교회에서 사회자로부터 소개를 받은 직후 강단 밑으로 뚜벅뚜벅 내려오더니 교회 마루 바닥에 넙적 엎드려 교인들을 향하여 정중하게 한국식 '큰절'을 올렸다는 것이다. 그는 천천히 몸을 일으킨 후 다시 강단 위로 되돌아가 설교를 시작하기 전에 이렇게 화두를 꺼냈다.

"지금 제가 여러분 앞에서 드린 이 행동은 우리나라에서는 '큰절'이라고 하는데, 전통적으로 신하들이 왕께 드리는 절이기도 하고 일반적으로는 존경하는 어른 앞에서 최고의 경의와 감사를 표할 때에 드리는 예절입니다. 제가 이 절을 여러분에게 올리는 데는 두 가지 뜻이 있습니다. 하나는, 1950년 6월 25일 공산군의 돌연한 남침으로 대한민국이 완전히 공산화가 될 뻔했을 때 여러분의 아버지와 아들들이 우리를 위해 달려와 생명을 바쳐 지켜 주었기에 오늘날의 대한민국이 있게 되었다는 경의의 표현입니다. 그 은혜가 너무 크고 고마워서 한국 국민의 한 사람으로서 이렇게 해서라도 감사한 마음을 표하고 싶었습니다. 또 다른 뜻은, 오늘날 우리나라의 6·25를 잘 알지 못하는 젊은이들과 일부 몰지각한 국민들이 반미 구호를 외치는 등 배은망덕한 행위를 자행함으로써 여러분들의 마음을 아프게 하고 큰 실망을 안겨준 데 대하여 용서를 비는 마음이었습니다. 그래서 '큰절'을 올리게 된 것입니다."

이 말을 들은 신도들 모두가 일어서서 감동의 눈물을 흘리면서 우레와 같은 박수를 끊이지 않더라는 것이다. 이 목사님의 정성 어린 감사와 사죄의 뜻이 담긴 '큰절'을 선행(先行)한 부흥회는 말할 것도 없이 대성황을 이루면서 지금도 미국의 어디에선가 계속되고 있다는데, 한국에 대해서 그동안 섭섭함을 금치 못하고 있었던 많은 미국 국민들의 마음을 위로하고 돌려놓는 데 결정적인 공헌을 하고 있다는 것이다.

'큰절'은 안 했지만 미국을 감동시킨 또 하나의 한국식 예절의 주인공은 1997년 LA 다저스에 입단한 박찬호 선수였다. 마운드에 오르면 경기 시작 전에 모자를 벗고 주심과 상대 팀 타자를 향하여 정중하게 머리 숙여 인사를 했다. 경기장이 한국 아닌 미국이라는 것을 잘 알고 있으면서도 한국적 스포츠 예절에 대한 긍지를 보여 줄 목적으로 한 것이었는지, 그렇지 않으면 오래된 습관에서 나온 자연적 행위였는지 알 수는 없지만, 그의 시합 전의 그 반듯한 '경례'는 수많은 미국 야구 팬들을 매혹시켰고 그의 인기는 하늘을 찌를 듯했었다.

그러나 그의 초심도 미국화되는 과정에서 변화될 수밖에 없었고 그렇게 되어 갈수록 그의 인기도, 투구 실력도 한계에 이르게 되고 종내에는 점점 잊혀 가는 선수가 되고 말았다. 만일에 박찬호 선수가 미국적 스포츠 풍토에 말리지 않고 자기 고유의 그 '경기 전 경례'로 일관해 왔었다면 얼마나 놀랍고 위대한 선수로서 존경과 사랑을 받게 되었을까 생각하니 아쉽기 짝이 없다.

그의 그 특이한 '코리안 세리머니'가 계속되었더라면 시즌 평균 15승을 올리며 '동양 최고 투수'의 영예로운 타이틀과 더불어 그의 전성기가 좀 더 연장될 수 있지 않았을까. 더구나 1999년 6월에 일어났던 사건, 즉 미국

MLB 역사상 '용서할 수 없는 행동'으로 낙인 찍히고만 박찬호의 악명 높은 '이단 옆차기'도 일어나지 않았을 것 아닌가… 생각하니 가슴이 아파 온다.

우리의 역사와 전통 속에서 우리가 귀하게 생각하고 자랑스럽게 생각하는 것은 분명히 세계적으로도 인기도 있고 존중받는다는 것을 지금쯤은 우리가 알아야 하고 그래서 자신 있게 내놓을 수 있어야 한다. '한류'라는 것도 이런 생각과 가치관에서 출발해야 하지 않을까?

_ 2012년 8월 30일

한국의 우먼 파워

　얼마 전 일본의 어느 골프 잡지 발행인이 나를 찾아왔다. 내용인즉, 자기는 여성 골퍼를 주 타깃으로 월간지를 발행한 지 수년이 됐는데 장사가 잘 안 돼서 문을 닫으려고 하고 있으며, 소문에 한국은 일본과 달리 여성들이 골프 붐을 일으키고 있다고 하기에 한 번 와서 보고 혹시 한국과 합작할 수 있는지 알아볼 겸 시장조사차 다니고 있다는 것이다. 그래서 그동안에 뭘 보고 무슨 생각을 하게 됐느냐고 물었더니 매우 흥분한 어조로 다음과 같이 말한다.

골프장 메우는 여성 플레이어들

한국의 골프장과 골프 연습장을 돌아보고 놀란 것은 손님의 반 이상이 여성이었다는 것이다. 더구나 주중에는 더 많은 여성들이 필드에 나와 있는 인상을 받았다고 하면서 한국보다 골프 역사가 훨씬 앞서 있는 일본에서도 골프장의 여성 점유율은 5%도 안 된다는 것이다. 여성 골퍼 증가율이 두드러지게 늘고 있는 것과 한국의 여성 골퍼들이 세계 무대에서 눈부신 활약을 하고 있는 것의 관계는 알겠는데, 일본에 비해 결코 싸지도 않은 그린피(Green Fee)를 마다않고 그 많은 여성들이 골프장을 메우고 있는 현상이 단지 경제적인 여유에서 발단한 것인지 그 외에 다른 사회적, 문화적 연유도 있는 것인지 알고 싶다는 것이다. 여러 가지로 내 생각을 펴 봤지만 납득이 안 가는 모양이었다. 왜냐하면 나 자신도 납득이 안 가기 때문이다. 납득이 안 가는 것이 한두 가지라야 말이지. 일본에 골프장이 약 3,000여 개가 된다는데 그중 이름난 골프장의 주 고객이 한국인이라고 하니 놀라지 않을 수 없다. 그뿐인가. 태국, 필리핀, 인도네시아, 말레이시아, 홍콩, 뉴질랜드, 호주, 그리고 최근에는 중국의 오지와 우즈베키스탄까지도 한국 골퍼가 안 가는

데가 없다. 우리나라가 역사상 다른 나라로부터 침략을
당하긴 했어도 남의 나라를 침략해 본 일이 없는 나라
인데 최근에 와서 마치 '골프 침략국'이라도 된 것 같아
좋아해야 할지 말아야 할지 모르겠다.

고급 식당에서 계모임

다시 우리 한국 여성에 대한 이야기로 돌아가 보자.
얼마 전부터 우리 도시 생활의 두드러진 풍속도로 각인
된 현상이지만 점심때 고급 호텔이나 도심의 유명 식당
에 가 보면 손님의 90%가 여성이다. 나와 내 외국 손님
만 빼놓고 20여 개 되는 테이블이 전부 여성 손님으로
꽉 차 있는 것을 목격한 적도 있다. 내 외국 손님이 "한
국 남자들은 다 어디에 가 있소?"라고 물어서 "아마도
뒷골목 식당에서 설렁탕이나 국밥을 먹고 있을 것이다"
라고 답해 놓고 웃고 말았지만 생각하면 참으로 놀랍고
기가 막히는 일이다. 사람에 따라서는, 특히 한국에 와
있는 외국 사람들 눈에 한국 여성들이 가정에서 또는
직장에서 응분히 받아야 할 대우와 권리를 아직은 충

분히 못 받고 있다고 주장하는 사람이 있고 또 따져 들어 가면 그게 사실이고 현실임을 부정할 수 없다. 그럼에도 불구하고 우리 모두가 피부로 느끼는 것은 한국 여성의 지위는 높아지고 영향력은 커지는 현상이 최근 들어 급속도로 진행되고 있다는 점이다. 어떤 사람은 그 시기를 정부에 여성부가 신설되고 거기에 여성 장관이 임명되면서부터라고 하는가 하면 어떤 학자는 더 실질적인 원인으로 남편의 봉급이 남편 손을 거치지 않고 은행 구좌로 직접 입금되기 시작할 때부터라고도 말한다. 남편들이 이때부터 힘을 잃기 시작했다는 것이다. 말하자면 'No money, no power' 이론이다. 또 하나의 설은 의지 없고 허약한 남편의 경제력을 보완하려고 주부들이 '복부인'으로 나서서 한국 경제의 축이 되고 있는 부동산 시장의 실권을 장악하게 된 것이 한국 여성 파워를 파격적으로 업그레이드시킨 주원인이라고 지적하는 경제인도 있다. 한편 어느 사회학자는 전통적인 한국 가정에서 아버지보다는 어머니가 자식에 대한 영향력이 크다는 점을 지적하면서 자식이 경제력까지 장악한 어머니 편에 설 수밖에 없는 새로운 한국 가정의 역학적 관계를 한국의 '여성 파워(Women Power)' 요인이라고 설명하기도 한다.

한국 여성의 우월성

그 외에도 한국의 여성이 한국의 남성들을 향해서 큰 소리칠 수 있는 근거가 여러 면에서 나타나고 있는 것도 사실이다. 그 예로는 여성 국무총리 탄생과 더불어 기업에서의 여성 CEO의 증가, 골프를 위시한 각종 스포츠 분야에서 남성들을 능가하는 눈부신 활약, 거의 상식화 돼 버린 각종 학교에서 여학생들의 학업 성적 우위, 금녀(禁女) 지역으로 돼 있던 군대 사회에서까지 여성들이 두각을 발휘하고 있는 점, 특히 육해공군 사관학교에서 여성들이 수석으로 졸업하는 경우가 생기고 있는 점 등 한국 여성들의 돌풍적인 약진이 어디까지 계속 될지 예측하기 어렵게 됐다는 사실을 들 수 있다. 따라서 칭찬해 주고, 높여 주고, 자랑스러워해 주고, 장려해 주고, 때로는 섬겨 주고 사랑해 주는 것이 마땅하다. 그러나 그렇다고 해서 지나친 낭비, 사치, 허세, 소란까지 허용되고 조장되어서는 안 된다는 것이다.

선진국의 경우

혹 그런 고급 호텔이나 식당에서 폼 내 가면서 식사도 하고 친목도 도모하는 것이 소위 '국제화'의 일환으로 생각할까 봐 하는 말인데, 우리보다 훨씬 더 잘 살고 돈도 많고 사회적으로 여권 존중도 잘돼 있는 구미 사회나 하다못해 옆 나라 일본엘 가 봐도 우리 같은 경우는 찾아보려야 찾아볼 수 없다.

고급 호텔 식당 같은 곳을 이용하는 손님들은 주로 투숙객이나 회사 임원 등 비즈니스맨들이다. 호텔 식당은 그들이 사업상 고객을 접대할 목적으로 이용하는 것이 통례이지 한국에서처럼 여성들의 계 모임이나 동창회나 친목 장소로 이용되는 것을 본 적이 없다.

여성들이 모여서 밥도 먹고 수다도 떨고 하는 장소는 따로 있다. 그렇게 고급스럽진 않아도 음식이 맛있고 값도 싸고 분위기 자체가 모여서 수다 떨기에 안성맞춤인 캐주얼한 장소가 따로 있다. 그런 곳을 잘 찾아내는 것을 그들은 재치 있고, 지혜 있으며, 품위 있는 여성의 매력으로 친다.

당신이 봤다는 한국 여성들의 모임이 계 모임인지 동창회 모임인지 어떻게 아느냐고? 얼마나 소리 높여 떠들어 대는데 그걸 모르겠는가? 못 믿겠으면 오늘이라도 서울 장안에 있는 사성급 이상의 고급 호텔 라운지나 식당엘 직접 가 보란 말이외다. 내가 거짓말하는가.

물론 여기에 대한 여러 가지 반론도 있을 수 있다. '한국의 여성들이 다 그런 것도 아니지 않느냐. 일부 몰지각한 여성들이 그러는 것 가지고 침소봉대하는 것 아니냐. 설사 그렇다 하더라도 그간 한국 여성들이 얼마나 고생하고 억눌려 살아왔는데, 이제 좀 자유롭게 행동하도록 내버려둘 만하지 않느냐. 남자들은 놔두고 왜 여성만 가지고 달달 들볶느냐. 스트레스 해소로 이따금 그런 장소에 못 갈 것도 없지 않느냐'는 주장일 것이다. 하지만 이것은 '돈이 있다, 없다'의 문제가 아니다. '권리가 있다, 없다'의 문제도 아니다. 이것은 교양의 문제요, 분별력의 문제며, 남을 배려할 줄 아는 선진국 국민으로서 지녀야 할 기본 품격의 문제인 것이다. 진정으로 자기를 위하고 가정을 위하고 조금이라도 나라의 장래를 염두에 둔다면 이처럼 '여성 파워'의 이름으로 독버섯처럼 번져 가는 한국 여성들의 매력 없는 유행에 누군가가 브레이크를 걸어 줘야 하지 않을까. 누가 할 것인가. 몇천 년 동안 오랑캐들의 침략에서 이 나라를 지켜온 한국의 어머니들이 해야 한다. 우리의 가정과 나라를 살리는 참다운 '여성 파워'의 태동을 기대해 본다.

_ 2006년 12월 27일

가수 이문세가 보여준 통합의 장

    내가 한국의 팝송을 좋아하게 된 것은 아마도 가수 이문세 때문이었다고 생각된다. 평범하고 소박한 목소리에 창법도 별로 화려하지 않은데 나를 매료시키기에 충분했다. 그의 목소리에는 한국의 사계절이 듬뿍 담겨져 있었고 그의 노래를 한 번 듣고 나면 도저히 따라 부르지 않을 수 없게 만드는 그 무엇이 있는 것 같았다. 그래서 특히 1987년 가을은 나의 삶의 구석구석까지 그의 노래로 꽉 차 있었다고 해도 과언이 아니다. 지긋지긋하게 길었던 외국 생활로 내 속에 쌓이고 밴 진득하고 느끼한 정서가 한꺼번에 시원하게 씻겨 내려가는 것 같은 느낌을 가졌다. 그 후 나는 내내 그의 팬으로 남아 있다.

    지난 6월 1일은 큰딸의 생일이었다. 무얼 해 줄까 고민하고 있는데, 마침 종합운동장에서 그날에 이문세 콘서트가 있으니 그 입장권을 선물로 받겠다고 하기에 참 잘됐다고 하고 사위를 대동하여 참석했다.

좋아하는 노래를 근 3시간 동안 듣고 보는 재미도 재미러니와 그보다 나는 그곳에서 대한민국 국민이 한결같이 바라고 있는 '국민 통합'의 모델을 발견하고 벅찬 감동을 받았다.

혼탁하고 불투명한 국내외 정세와 각박한 민심과 여기저기서 끝없이 들려오는 잡소리, 찢어지는 소리 속에서 너무 오래 시달려 와서 그런지 그날, 종합운동장에서 벌어진 그 광경은 너무나 새롭고, 아름답고, 눈물겹기까지 했다. 그것은 한여름 밤의 노래의 축제를 훨씬 넘어서서 대한민국을 사랑하는 5만여 명의 아름다운 젊은이들의 통합의 장으로 비춰졌던 것이다.

먼저 나는 그곳에서 가수 이문세의 정체를 발견할 수 있었다. 그 콘서트 이름부터가 '대한민국 이문세'였다. 좀 거창한 타이틀 같아서 갸우뚱하고 있을 때 이문세는 이렇게 말한다. 대한민국에서 태어나서 자랑스럽고, 대한민국에서 노래하는 가수이고, 대한민국에서 제법 히트곡이 많은 가수이기도 하며, 마지막으로 대한민국에서 얼굴이 제일 긴 가수라고 생각되어서 붙인 공연 타이

틀이라면서 관객을 한바탕 웃기기도 했다.

공연이 시작되자 이문세가 연미복 차림으로 등장했다. 이문세는 애국가 전주가 울려 퍼지는 가운데 5만여 관객의 애국가 합창을 지휘하였다. 이런 자리에 와서 애국가를 부르게 될 줄은 나로서는 상상도 못했던 터라 가슴이 뭉클했다. 백 명이나 천 명 정도의 사람이 모여서 부르는 애국가는 들어 봤지만 5만 명이 부르는 애국가 합창은 생전 처음이다. 나도 모르게 눈물이 났다. 공연에 들어가기도 전에 이문세는 이미 대한민국을 감동으로 몰아넣기 시작했다.

그는 26여 곡을 불렀다. 그런데 이문세 혼자서 부른 노래는 한 곡도 없었던 것 같다. 이문세와 5만의 팬이 만들어 낸 대합창의 무대였다고 하는 것이 더 정확한 표현일 것 같다.

이문세 노래를 들으려고 온 것이 아니라 이문세와 같이 노래 부르려고 온 사람들이었다. 그것은 그의 노래가 추억과 공감의 메시지로 일관된 따뜻하고 친밀하고 인간미가 넘치는 오랜 친구 같은 노래들로 구성되어 있기 때문이기도 하지만 대중을 편하고 즐겁게 해 주는, 아무도 흉내 낼 수 없는 이문세만의 음악 세계로 5만의 관객들을 어느새 자연스럽게 끌어들이고 있었기 때문이었다.

"난 너를 사랑해. 이 세상엔 너뿐이야. 소리쳐 부르지만 저 대답 없는 노을만 붉게 타는데"(「붉은 노을」), "삐릿 삐릿 삐릿 파랑새는 갔어도 삐릿 삐릿 삐릿 지저귐이 들리네. 삐릿 삐릿 삐릿 파란 눈물 자욱이 삐릿 삐릿 삐릿 내 마음 물들이네"(「파랑새」), "그대 나를 보면 울기나 했지. 하루 종일 울다가 웃어 버렸지만"(「그대 나를 보면」), "그댄 예전 그 모습 그대로 나의 마음에 남아 아무에게도 말하지 않는 비밀이 되어 매일 밤 행복에 잠겨 나를 잠들게 해"(「메모리」), "그대가 떠나가면 어디로 가는지 나는 알 수가 없잖아요. 그대 내 곁에 있어요. 떠나가지 말아요. 나는 아직 그대를 사랑해요"(「난 아직 모르잖아요」).

꿈 같은 사랑의 노래는 계속되어 노래가 「이별 이야기」에 왔을 때는 남자 파트를 이문세가 부르고 여자 파트를 5만 관객이 부르는 5만 1명의 듀엣은 소름이 돋는 클라이맥스를 이루기도 했다. 마치 이문세와 5만 관객이 서로 사랑을 고백하고 사랑을 주고받는 것 같은 연애의 장이 되어 버린 것 같았다. 어느 대목에선가, 5만 관중이 갑자기 "와!" 하는 천둥 같은 소리를 내서 놀라 일어서 봤더니, 가수 김범수, 윤도현, 성시경이 무대에 나와 이문세 노래를 열창하는 게 아닌가. 곧 이어서 가

수 이수영, 김완선, 정문영, 김태우, 로이 킴, 허각, 이정, 가희, 노을, 소냐, 알리 등이 줄이어 나와 '이문세 합창단'이란 이름으로 합창 대열에 끼어 들었다. 그러자 배우 안성기, 양동근, 야구의 박찬호, 영화감독 류승완, 축구 선수 송종국, 개그맨 박경림, 박수홍 그리고 그 외에도 아나운서, 모델, 사진작가 등 스타 100여 명이 줄줄이 무대에 쏟아져 나와서 이문세와 함께 「이 세상 살아가다 보면」을 부르기 시작했다. 5만 관중 모두가 자리에서 일어났다. "그대가 마음먹은 대로 이 세상 살아가다 보면 슬픔보다 기쁨이 많은 걸 알게 될 거야. 어두운 밤 하늘 나는 밤 구름 아침이 되면 다시 하얗게 빛나지. 새롭게 사랑해요"를 목이 터져라 노래할 때, 종합 운동장 스타디움은 찬란한 레이저 광채와 함께 온통 흥분의 거대한 도가니로 변해 갔다.

이문세가 5만 명의 관객의 마음을 완전히 사로잡을 수 있었던 것은 그의 노래 솜씨만은 아니다. 따뜻한 말과 재치 있는 유머와 진정성 어린 겸손과 지극한 감사의 마음이 모두 합쳐진 결과였다고 보았다. 객석을 바라보면서 "5만 개의 별이 빛나는 것 같다"라면서 분위기를 돋우는가 하면 꿈꾸듯이 자기만을 바라보고 있는 관객들을 향하여 "저만 바라보지 말고 주위도 한번 둘러

보세요" 하며 겸손을 떨면서 웃기기도 했다. 또 "심장이 터질 것 같습니다. 이런 기분 아십니까? 꿈을 꾸고 있는 것 같은데 꿈이 아니라는 걸 알 수 있게 5만 명의 함성을 질러 주세요"라고 관객들의 호응을 유도하면서 관객과 더불어 하나 되는 모습을 과시하기도 한다.

그날의 이문세는 노래하는 이문세라기보다 감사하는 이문세였다. 그는 자기를 돋보이게 한 작곡가 고 이영훈에 대한 지극한 감사와 추모를 잊지 않았다. "우리는 무명 가수와 무명 작곡가로 만났지요. 워낙 서로 달랐지만, 달랐기 때문에 더 잘 맞았던 것 같아요"라고 하면서 히트곡을 많이 만들어 준 이영훈을 향하여 '죽어도 감사해야 할 사람'이라면서 마치 그의 영혼이 옆에서 연주하듯 「사랑이 지나가면」을 불렀다. "어딘가에서 이 노래를 듣고 계신가요? 고마워요!"라는 말을 남기며 고인을 추억하는 이문세의 모습은 숭고하리만치 아름다웠다.

그의 감사는 계속되었다. 며칠 전에 작고한 선배 이종환 씨를 회상하며 그에게서 받은 은덕과 사랑을 열거한다. 그 외에도 수고해 주고 격려해 주고 지지해 준 선배, 후배, 동료들에게 두루두루 감사의 마음을 말로 노래로 읊조리는 가운데 막판에 와서는 5만 관객들을 향하여

"꿈이었을까요. 이 밤 오래오래 기억하겠습니다"라고 하면서 "오랫동안 내 노래를 불러 준 당신들에게 나의 감사의 마음을 담아서 이 노래를 여러분에게 바칩니다"라고 본인이 작사 작곡한 신곡 「땡큐(Thank you)」라는 노래를 불러 또 한 번 관객의 가슴을 뜨겁게 했다.

공연이 끝날 무렵, 이문세의 꿈 같은 노래와 마음을 움직이는 멘트와 멋진 스테이지 매너에 푹 빠져서 자리를 뜨지 못하는 관객들을 향하여 던진 그의 마지막 인사말 때문에 그 자리를 더 떠나기 힘들었다. "오늘 저녁 저의 노래를 들으려 여기 오신 5만 명을 제가 어떻게 다 기억할 수 있겠어요. 나중에 어디서나 길거리에서 만나면 그냥 지나치지 마시고 꼭 오늘 6월 1일 그 자리에 있었다고 말해 주세요. 그러면 제가 꼭 안아 드릴게요".

대한민국을 행복하게 만든 가수 이문세, 그의 노래를 함께 부르던 동료들, 그리고 그들을 바라보며 감동과 환호 속에 온몸으로 호흡하며 행복한 추억을 쌓던 5만 팬들의 삼박자가 완벽한 조화를 이룬 '대한민국 이문세'는 내게 있어서 확실한 '통합의 장'의 롤 모델이었다.

이 공연을 보고 나서 '통합'에 대해서 관심이 있는 우리나라의 소위 지도자라고 불리는 사람들에게 하고 싶

은 말이 생각났다. "제발 이문세한테 가서 한 수 배우고
오시구려".

_ 2013년 6월 11일

해병다운 해병이 되고파서

　우리나라의 일부 젊은이들이 잘못된 영향을 받거나 때로는 몰지각한 부모들의 교사에 의해서 군복무를 두려워하거나 기피하는 안타까운 경우들을 많이 보아 온 탓에, 최근 이와는 아주 대조적인 사례가 있음을 알게 되었다. 이를 세상에 널리 알려 군의 사기는 물론 가슴 조이고 있는 애국 시민들에게 시원한 청량제가 됐으면 해서 이 글을 쓰게 되었다.

　해병대가 좋고 진짜 해병이 되고 싶어서 해병 수색대로 지원을 했는데 연예계 활동으로 인하여 고교 출석 일수가 부족하다는 이유로 모병관으로부터 합격은 어렵다는 소식을 들었을 때 오 군은 실연함을 금할 수가 없었다. 그러나 여기서 주저앉아 버리기에는 그의 꿈과 결심은 너무나도 뿌리깊은 것이었다. 그래서 다시 수색대로 재지원하려고 하던 차에 뜻밖에 모병관으로부터 연락이 오기를 고교 출석 일수로 봐서는 수색대로 갈 수는 없어도 군악대로 지원을 바꾸면 혹 해병대 입대가 가능하게 될는지 모른다고 했다.

그는 "저는 수색대를 가기 위해 해병대에 지원한 것이지 군악대 근무라면 차라리 지원을 안 했을 것입니다"라고 말했다. 모병관은 "일단 군악대로 들어온 다음 수색대 입교 테스트를 받은 후 합격이 되면 수색대로 보내 주겠다"라고 대답해 주었다. 절실했던 만큼 오 군은 모병관의 그 말에 매달리지 않을 수 없었다. "지금 그 말씀대로 약속해 주시면 군악대로 지원하겠습니다"라고 말하고, 수색대 테스트를 약속을 받고 그는 2011년 4월 18일에 해병대 군악대원으로 입대하게 되었다.

그러나 입대 후 훈련단에서 받기로 되어 있던 수색대 테스트에 대해서 아무도 책임있는 이야기를 해 주는 사람이 없음을 알게 되었다. 할 수 없이 일단 2사단 군악대에서 실무 생활을 할 수밖에 없었다. 약 3개월이 지난 후 7월 14일에 사령부로 장기 파견 명령이 내려졌다. 오 군은 이 발령을 받고 입대 전에 수색대에 보내 주겠다는 약속이 이행되는 것으로 생각하고 사령부에 왔으나

185

아니었다. 사령부에서는 연중 여러 가지 행사가 많아 군악대에서 계속 근무해 주기를 바라고 내린 발령이었다. 오 군은 인사처장과의 면담을 요청하고 입대 전에 모병관이 자기에게 약속한 그 약속을 상기시키면서 그 약속이 아니었다면 수색대에 갈 수 있을 때까지 몇 번이고 다시 재지원을 했을 것이라고 호소하였다. 오 군의 당돌하기까지 한 결연한 태도에 감동한 인사처장은 이를 사령관에게 보고하기에 이르렀고 해병대 사령관과의 면담까지 이루어졌다. 사령관도 오 군의 예사롭지 않은 열정과 진지한 태도에 마음이 움직여졌고 "누가 했든 간에 해병대가 한 약속은 지켜져야 한다"라고 하면서 "단, 수색교육대에 입교하여 모든 교육을 이수하고 수색대원이 될 자격이 증명이 되면 내가 책임지고 수색대로 보내주지"라고 했다. 사령관으로부터 받은 그 2번째의 약속을 오 군은 물론 믿지 않을 수 없었다. 그렇게 해서 수색교육에 참가한 오 군은 그 고된 훈련에도 불구하고 앞으로 수색병이 될 수 있다는 희망과 포부와 벅찬 기대를 가질 수 있었다. 수색교육훈련을 함께 한 동료들이나 훈련 지도관들의 말에 의하면 오 군은 모든 훈련에 솔선수범했을 뿐만 아니라 훈련 과정에서 우수한 성적을 올려 모두를 놀라게 했다고 한다.

그러던 중 사령관으로부터 "해병대 군악대 창설 60주년 기념연주회가 있으니 참가하라"라는 명령을 받게 된다. 오 군은 다시 마음이 불안해졌다. '이제 2주라는 시간의 훈련만 견뎌내면 모든 훈련을 깨끗이 마칠 수 있을 텐데…'. 너무나도 아쉬운 생각이 들었다. 그렇다고 사령관의 명령을 어길 수는 없었다. 오 군의 마음을 잘 아는 인사과장은 걱정하지 말고 훈련이 끝나는 대로 사령부에 와서 신고하라며, 그러면 2사단 수색대에 수색병으로 배치될 것이니 그리 알라고 격려하였다.

오 군은 얼마나 기뻤던지 서울에 있는 어머니에게 전화를 걸어서 흥분된 목소리로 자기의 뜻이 드디어 이루어지게 되었다고 그렇게 좋아할 수가 없었다고 한다. 오 군의 어머니는 자식이 저렇게 기뻐하니 "그래 잘됐구나"라고 대답했지만, 과연 수색병으로 가는 것에 대해서 아들처럼 기뻐해야 할 일인지 어떻게 이해를 해야 할지 몰랐다고 한다. 더욱이 오 군의 어머니는 아들이 음악에 소질이 있을 뿐만 아니라 그동안 연예계에서 활동해 온 실적으로 봐서도 차라리 군악대에서 복무하다가 제대하고 나오면 앞으로의 진로에 훨씬 더 도움이 될 것으로 생각해 왔기 때문이었다.

그런데 오 군이 '하루가 천년같이' 기다리고 있었던 수색부대 전입 발령은 또 하나의 벽에 부딪히게 된다. 수색 교육 수료를 눈앞에 두고 해병대 사령관이 교체된 것이다. 어쩐지 불안한 생각에 사령부에 자기에 대한 수색대 전입 여부를 물었다. 관계자는 당연하다는 듯이 "아무리 사령관이 바뀔지라도 변동사항은 없을 테니 걱정하지 말고 훈련이나 잘 마치고 돌아오라"라고 하지 않는가. 오 군은 그 말을 굳게 믿고 기다리기로 했다. 하지만 사령부에 돌아와보니 분위기가 싹 달라져 있는 것을 느낄 수가 있었다. 그동안 오 군의 생각을 알고 도와주려고 애써 왔던 간부들까지도 "안됐지만, 좀 힘들 것 같다"라고 말하는 것이 아닌가. 알고 보니 새로 부임한 사령관께서 "군악대로 입대했으면 군악병으로 전역해야지 무슨 수색대냐"라 하셨다는 것이다. 오군은 기가 막혔다. 가슴이 아팠다. 눈물이 핑 돌았다. 모든 희망과 기대가 한꺼번에 무너지는 것을 느꼈다. 이렇게 될 리가 없다고 생각하게 된 오 군은 어머니께 전화를 걸었다. 자기 어머니는 신앙심이 깊어서 기도하기만 하면 모든 것이 이루어진다고 항상 믿고 있었기에 어머니가 혹시 아들이 너무 고생하지 않기를 바란 나머지 수색대에 가지 않게 해 달라고 하나님께 기도해서 이렇게 된 것 아닌가 하는 생각에 이른 까닭이었다. 아들의 다급하고 심각하기까지 한 심문에 어머니는 황당하기도 했지만 지금 대화를 하는 사람이 내 아들이었던가 할 정도로 아들의 진지하고 확고한 모습에 놀라지 않을 수 없었다.

그러나 오 군은 이렇게 어려워져 가는 상황에도 굴하지 않았다. 만나는 사람마다 자기의 확고한 의지를 표명하였고 수색대에 들어갈 수 있도록 기도해 줄 것을 부탁하기도 했다. 그는 거기서 멈추지 않고 사령관에게 진정서를 내기로 결심하고 이를 감행하기에 이르렀다. 일개 사병이 사령관 앞으로 진정서를 낸다는 것이 군대의 상식으로는 있을 수 없을 뿐만 아니라 잘못되면 중한 처벌까지 받을 수 있다는 것을 오 군은 모르지 않았다. 그러나 그는 자기가 '초지관철'하지 않으면 자기 인생이 아무것도 아닌 것이 될 것이라고 굳게 마음먹었고 죽기 아니면 살기로 진정서에 이렇게 적어 나갔다.

"필승, 해병 오종혁입니다. (중략) 사령관님 이하 여러 간부 상관님들께서는 제가 연예인이었다는 배경을 참작하신 나머지 제가 수색대가 멋있어 보이니까 그냥 호기심이 발동하여 가고 싶은 마음에 말도 안 되는 고집을 부리고 있다고 생각하고 계시리라는 것을 잘 알고 있습니다. 하지만 저의 고집이기 이전에 제가 동경하고 흠모하는 해병대에서 해병의 이름으로 해 주신 약속이 있었고 저는 그 약속이 지켜지기를 굳게 믿었기에 자원 입대하였습니다. (중략) 누구에게 떠밀려서 해병대를 선택한 것이 아닙니다. 타 군처럼 단지 의무 복무 기간을 채울 목적으로 해병대 생활을 하고 싶지 않습니다. 저는 해병으로서 뿌리 깊은 자긍심을 가지고 해병대의 이름을 빛내는데 보탬이 되고 싶습니다. 저에게 남은 1년이라는 시간을 진짜 해병이 될 수 있도록 기회를 주십시오. 그리고 전역 후에도 '해병'이라는 자부심을 가지고 살아가게 해 주십시오. 현재 저의 희망사항은 오직 한 가지입니다. 기습대대도 아니고 공정대대, 유격대대도 아닙니다. 입대 전에 저에게 약속해 주신 '해병대 수색대원'이 되는 것입니다. 이상입니다. 필승!"

현재 오 군은 해병대 수색대에서 현역으로 생활하고 있고 자신이 수색병이 된 것을 기뻐하고 감사하며 충실히 생활을 하고 있다. 그의 어머니에 의하면 해병대 입대 전에 부모의 걱정거리였던 아들의 가냘픈 팔다리 몸통이 이제는 꺼멓게 타 번쩍이는 '타잔'의 몸매로 변하였을 뿐만 아니라 소속부대에서 '특등사수'로 뽑혔으며, 최근에는 '4㎞ 무장구보'에서도 1등을 하는 등 아들의 새로운 모습을 보고 대견하고 자랑스러워 감사해하고 있다고 한다.

흔히 군에 입대한 연예인들을 이벤트를 통해서 모병 활동에 활용하고 있는 것을 보는데 군 생활을 제대로 시키지 않고 '홍보대사' 같은 명목으로 대외 모병 활동을 하기보다는 이들이 소속된 부대에서 조용히 충실히 복무하는 모습을 국민들에게 보여 주는 것이 효과적이고 바람직한 모병 활동이 아닐까 생각하게 된다.

　오군과 같은 젊은이들이 대한민국에 있는 한, 이 나라의 앞날은 밝을 수밖에 없다.

후기

군의 특수성에 비추어 이 글의 프린트화를 오 군의 전역 후로 미루려고도 했으나 우리 군이 처하고 있는 환경과 군에 대한 일부 국민들의 바람직하지 못한 관념들을 불식시킴과 동시에 군의 사기 양양, 교육 효과에 미치는 영향을 고려하여 실명으로 공개 게재하게 된 것에 대하여 관계 당국의 혜량 있기를 바라는 바이다.

_ 2012년 8월 6일

손원일 제독 탄신 100주년을 맞이하면서

   나는 해군 출신이다. 더구나 해군사관학교 졸업생이다. 그래서 이 칼럼을 통해서 해군에 대한 이야기를 자주 하곤 한다. 바다가 한없이 좋고, 우리 해군에는 자랑거리가 너무도 많기 때문이다. 그 많은 자랑거리 중에서도 가장 으뜸가는 자랑거리는 우리 해군을 창설하신 손원일 제독이시다.

   내가 그를 자랑스러워하며 우리 해군 모두가 그를 존경하는 이유는 첫째, 그가 진정으로 나라를 사랑하는 사람이었기 때문이다. 그의 생애는 '국가와 민족을 위해 이 몸을 삼가 바치나이다'로 일관했다.

   둘째로 그는 선각자였다. 일찍부터 그에게는 꿈과 비전이 있었다. 그는 청년 시절부터 어디서나 누구에게나 "바다에는 미래가 있다. 지금은 남에게 빼앗긴 나라이지만 언젠가는 독립의 그날이 오면 우리도 해양으로 뻗어 가야 된다. 바다는 우리가 세계로 뻗어 나갈 수 있는 지름길이다"를 되풀이하고 다니셨다.

셋째로, 그는 진정한 군인이었다. 그는 해군 창설 당시부터 그의 부하들에게 "군인은 나라와 민족을 위해 생명을 바치는 충신의 역할을 하는 것이다"를 힘주어 가르쳤을 뿐만 아니라 6·25 전쟁 당시에는 지휘관으로서 솔선수범하여 용맹을 떨침으로써 부하 장병들의 깊은 존경을 받기도 했다.

넷째로, 그는 참다운 교육자였다. 그는 교육이 모든 것의 근본임을 깨닫고 해군 창설과 동시에 해군사관학교를 설립하면서 교훈을 '① 진리를 구하자 ② 허위를 버리자 ③ 희생하자'로 정하고 사관 생도를 이 교육 지침에 따라 교육시켰다. 그중에도 가장 엄하게 다스렸던 생활 지침은 '도별담(道別談)'을 금하는 것이었다. 선각자의 놀라운 통찰력이라 아니할 수 없다. 해군뿐만이 아니었다. 국방장관 당시에도 국방대학원을 설립하는 등 그에게 있어서는 인재 양성이 가장 우선하는 과제였던 것이다.

다섯째로, 그의 세계관과 국제 감각은 남달랐다. 해군 장교는 '국제 신사'가 되어야 함을 강조하시면서 이를 교과 과정에 반영시켰을 뿐만 아니라, 본인 자신이 '글로벌 스탠더드'에 부합한 신조와 생활을 통하여 솔선수범하셨다. 우수한 장병에게 해외 유학의 길을 널리 열었으며 영어 실력 및 국제 협력 능력 함양에 유별난 관심을 보이셨고 당시 한국인으로서는 감당하기 어려운 투명성, 공정성, 효율성, 책임성을 지닌 '글로벌 리더'의 귀감이 되셨다.

여섯째로, 그의 예술성과 문화적 감각 때문이다. 음악을 좋아했으며 때론 오해를 받을 정도로 예술인들을 귀히 여기셨다. 6·25 전쟁 당시 피난선에 태울 피난민 우선 순위에 예술인과 음악인을 고려했던 것을 보아도 알 수 있다. 우리가 애창하는 「바다의 노래」는 손원일 제독이 작사하고 부인인 홍은혜 여사가 작곡한 것이다. (홍은혜 여사는 해군사관학교 교가를 위시하여 해군의 수많은 군가를 작곡한 바 있다.)

일곱 번째는, 그의 철저한 도덕성과 인간애이다. 여기에 대해서는 여기서 다 말할 수 없다. 간단히 요약하자면 그는 부하를 사랑할 줄 아는 지휘관이었고 군인이면서도 인권을 존중하였으며, 6·25 전쟁 당시에는 억울한 누명을 쓰고 죽어야만 하는 수많은 생명을 목숨을 걸고 구출하기도 했다.

마지막으로, 그는 신앙인이었다. 그의 신앙은 물론 부

친인 손정도 목사로부터 물려받은 것이었으나 그의 신조, 가치관, 세계관, 애국심, 이 모두가 그의 신앙에 근거를 두고 있다. 독립투사였던 부친 손정도 목사로부터 어릴 적부터 받아온 '하나님 사랑이 나라 사랑이며, 나라 사랑이 바로 하나님 사랑이다'라는 교훈을 일생 잊지 않고 믿고 실천하였다. 그가 건국 이래 제일 먼저 해군에 군목 제도를 설립한 것은 바로 그의 깊은 신앙심의 발로였던 것이다. 위에 지적한 손원일 제독에 대한 일곱 가지 예찬론의 근거와 상세한 내용에 관하여 관심 있는 독자는 2007년 8월 3일 2쇄 발행된 바 있는 오진근, 임성채 공저로 한국해양전략연구소가 발행한 『손원일 제독』 상하 권을 일독할 것을 권한다.

_ 2009년 6월 4일

한국을 빛낸 '섬기는 지도자' 이필섭 대장

요즘 문고에 가 보면 '베스트 셀러' 섹션에 '리더십'에 관한 책들이 눈에 유난히 많이 띈다. '문제는 리더십에 달렸다'는 인식과 '나도 리더가 되겠다'는 생각이 퍼지고 있음을 반영하고 있는 것이라 하겠다.

하지만 최근에 젊은 학생들을 접하면서 느끼는 것은 그들이 자주 쓰는 말 가운데, '리더'라는 말에 '글로벌'을 꼭 붙여 '글로벌 리더'라고 쓰고 있다는 점이다. '글로벌 리더가 아니면 참다운 리더가 될 수 없다'는 새로운 인식이 생겨난 것 같다.

맞는 말이다. 과거에는 리더라고 하면 한국적 상황 아래서 한국인의 마음만 사면 된다고 생각했었지만, 오늘날 글로벌 시대를 맞이하면서 세계인의 마음을 움직이지 않고서는 되는 일이 없을 뿐만 아니라, 이미 이루어

놓은 것조차도 실효성이 없어진다. 때로는 성취해 놓은 것이 무효화되곤 하는 것을 보고, 듣고, 경험하고 있기 때문이 아닌가도 싶다. 다시 말하자면 '글로벌 스탠더드'에 맞지 않는 리더십으로는 아무 일도 할 수 없다는 공감대가 우리 사회에서 급속히 퍼져 나가고 있음을 볼 수 있다. 그렇다면 글로벌 리더가 갖추어야 할 자질, 즉 글로벌 스탠더드란 무엇인가?

그것은 투명성, 공정성, 효율성, 책임성, 포용성이다. 그중에서도 가장 중요한 것이 '투명성'이다. 이러한 기준에서 볼 때 우리나라가 현재 얼마나 뒤처지고 있는지를 국민 모두가 지난 몇 년간 정부 인사, 국회 청문회 및 미디어에 비치는 빈번한 사고, 비리 등을 통해 지겹도록 듣고, 보고, 가슴 아파해 왔다.

여기에서 이 이야기를 다시 되풀이하려는 것이 필자의 의도는 아니다. 이러한 황량한 조건하에서 이름도 없이, 빛도 없이 한국을 빛내고 있는 한국의 글로벌 리더를 소개함으로써 이 나라의 젊은이들에게 희망을 심어 주고, 거의 절망 상태에 있는 국민들에게 조금이나마 위로가 될까 싶어 이 글을 쓰게 되었다. (참고로 이 글은 인터뷰 기사가 아니다. 주변 사람들의 생각들을 본인 몰래 주워 엮은 글이다.)

세계기독군인연합회(AMCF: Association of Military Christian Fellowships)라는 명칭의 범세계적인 조직이 있다. 세계 각국의 기독 군인들이 모여 'All One in Christ Jesus'라는 모토 아래 연합한 기구이다. 1851년 영국에서 OCU(기독장교회)라는 명칭으로 시작되었으나 1980년에 명칭을 AMCF로 개칭하였다.

한국은 이미 1956년에 OCU를 결성하여 AMCF 회원국으로 가입했으며, 국력의 신장과 AMCF 내 위상의 급속한 격상으로 인해 2004년에는 제12차 AMCF 세계 대회를 한국 서울에서 개최할 수 있게 되었다. 이에 앞서 2002년에 AMCF 회장단은 당시 동아시아 지역 부회장이었던 이필섭 예비역 대장을 만장일치로 AMCF 5대 회장으로 추대하게 되었다.

한국이 회장국이 된다는 것은 당시에는 상상할 수 없는 일이었다. AMCF 창설 이래 70여 년 동안 회장직은 줄곧 구미 국가에서 맡아 왔었다. 한국은 기독교 역사도 짧을 뿐만 아니라, 여러 면에서 방대한 글로벌 기구를 아시아인에게 맡긴다는 것은 생각도, 기대도 해 본 적이 없었다는 게 관련 인사들의 공통 견해였다. 더구나 회장의 임기가 10년이다 보니 큰 부담이 될 수밖에 없었다.

　AMCF 제4대 회장 로렌스 뉴 경(Sir Laurence New)으로부터 회장직을 인수받을 당시의 AMCF 회원 국가는 78개국에 불과했다. AMCF의 효시인 영국 OCU가 설립되고, AMCF가 설립된 후 약 150년간 정치적, 종교적 갈등과 두 차례의 세계대전을 겪으면서 많은 노력과 희생을 무릅쓰고 이룩한 것이었기에 그래도 놀라운 성과가 아닐 수 없었다.

　이필섭 회장은 성경을 사랑하는 사람으로 널리 알려져 있다. 어떠한 일에 직면하더라도 항상 성경 말씀을 참고하여 아이디어와 지혜를 얻고 행동하는 사람이었다. 회장직을 맡고 나서 그는 전보다 더 많은 시간을 성경 읽기와 기도에 쏟았고, 성경 말씀을 통하여 영감과 힘을 얻어 세계 각국에 MCF 설립 및 활성화를 목표 삼아, 아래와 같은 구체적인 방안을 수립하여 실천에 들어갔다.

　첫째로, 종전의 7개 지역(북미, 남미, 중남유럽, 서아프리카, 남아프리카, 동아시아, 동남아시아)에서만 개최했었던 지역 대회를 14개 지역 대회로 확대하여 2004년에는 서울 세계 대회를 필두로 2008년에는 범아프리카 대회를 케냐에서 개최하고, 2009년에는 범유럽 대회를 영국에서 개최하였다. 서울 대회는 AMCF 역사상 최대 규모의 세계 대회(9.14.~ 9.18.)였으며 134개국에서 3,218명이 참가하였다. 이 중 외국 참가자는 당시 MCF 미설립 국가 중 49개국을 포함한 133개 국가의 618명의 대표들이었다.

2004년 서울에서 개최된 제12차 세계 대회를 기점으로 이필섭 회장은 한국의 MSO(세계군선교협력위원회)로 하여금 MCF 미설립 국가의 MCF 설립과 MCF 활동이 미약한 국가의 활성화를 위한 교육 프로그램을 마련하였다. 이후 MSO의 선교사역 중 가장 중요한 사역인 MEO 프로그램과 영어 캠프 및 제자훈련 프로그램이 MSO 멤버들에 의하여 매년 진행되었는데, MSO 단독으로 추진하기에는 너무 벅찬 관계로 미국의 ACCTS와 영국의 MMI로부터 강사 요원을 지원받아 소위 CATT(Combined Assist Training Team) 개념을 적용하여 연합으로 실시하게 되었다. 현재 MSO를 지원하는 국내 교회들과 미국, 영국, 호주 등에 있는 해외 한인 교회들로부터 재정적, 인적 지원을 받아 실시하고 있다.

이필섭 회장은 이에 그치지 않고 MCF 미설립 국가를 위한 24시간 기도 체제를 설정하여 모든 MCF 회원 국가들의 표준시간대별로 '정오 기도 벨트'를 지정했으며,

매년 9월 둘째 토요일을 '세계 기도의 날'로 제정하여 이른바 '기도와 계획의 생활화'를 선포하는 등 영적인 활동까지 혼신을 다하여 일했다.

그는 10년간의 임기 중(2002.9.15.~2012.9.18.) 총 53회에 걸쳐 80여 개국을 방문(지구 35회전)하였으며, 주협력 기관들과 20회 회의 및 24회의 지역 대회에 참석, 연 평균 50여 회의 AMCF 비전 설명과 간증 설교를 맡아 하는 등 열정과 강인한 의지로 오늘날의 AMCF로 발전시켰다. 결과적으로, 이필섭 회장의 취임 당시 78개국이였던 MCF 국가 수가 임기를 마치고 스리랑카의 '위라수리아' 장군[Gen.(Ret), Srilal Weerasooriya]에게 회장직을 인계할 때는 무려 149개국으로 증가한 가히 기적적인 성과를 거두게 된 것이다.

사실 그가 이룩한 10년간의 업적을 모두 소개하자면 책 한두 권으로도 담을 수 없을 만큼 방대하고, 다양하고, 획기적이다. 이 글을 읽는 독자들은 혹, 이 방대하고 범세계적인 일들을 해낸 이필섭 회장의 열정과 능력에 경탄을 하면서도 '그건 종교적 활동에 속한 것이니 그럴 수 있겠지' 할지도 모른다. 필자는 평생 동서양을 막론하고, 어느 누구도 돈을 버는 일도 아닌 봉사활동을 가지고 10년이란 긴 세월 동안 그렇게 열심히, 그렇게 충성스럽게, 그렇게 자신을 희생하고 섬기면서, 그렇게 많은 세계인들에게 감동을 주며 존경을 받은 사람의 이야기를 듣지도 보지도 못했다.

더구나 그가 행한 활동은 대부분이 국제 활동이다. 우리나라 사람들을 만나고, 설득하고, 가르치고 지도하는 것도 어려운데 모든 대상이 외국인이다. 그것도 무려 149개국에 달한다. 어떻게, 무엇으로 이들을 AMCF라는 거대한 울타리 속에 한 가족이 되도록 만들었는지 너무도 궁금해서 필자는 여기저기 다니면서 물어봤다. 이필섭이란 사람이 도대체 어떤 사람인가를.

첫째로, 이필섭 회장은 신앙인이다. 세상만사가 모두 하나님의 통제하에 있음을 확신하며 무슨 일이든 하나님의 뜻에 따라 행하려고 노력한다. 주변에서 함께 일하는 사람들의 말에 의하면, 그가 불평하거나 걱정하거나 실망하는 것을 보지 못했다고 한다. 항상 긍정적이고 항상 낙관적이다.

둘째로, 그는 겸손과 지혜를 갖춘 사람이다. 그는 본인이 말하는 시간보다 듣는 시간이 훨씬 더 많다. 말하는 사람이 누가 됐든 상관 없이 집중하지만 조심스럽게 모두 경청한다. 또한 이해하고자 들으며 배우는 자세로 경청한다. 큰일이든 사소한 일이든 반드시 동료들 또는 산하 직원들과 먼저 상담을 하되, 자기주장을 내세우기보다는 그들의 의견을 십분 받아들인다. 그런 후에 본인의 생각과 공통점을 찾아 합의점을 도출한 후 결정을 내리곤 한다.

셋째, 그는 탁월한 끈기와 인내력의 소유자이다. 앞에서도 언급한 바 있지만 그의 끈기와 인내력은 가히 보통 사람의 상상을 초월하고도 남는다고들 전한다. MSO의 기록에 따르면, 그가 AMCF 회장직을 맡아 있는 동안에 무려 888,000마일의 여정을 다녔는데, 이렇게 빈번한 여행 중에 때로는 공항에서 8시간 기다려야 했던 때도 있었고, 목적지까지 도착하는 데 40시간 이상 소요될 때도 있었다고 한다. 장기 여행으로 인해 허리병이 생기게 되자, 동료들은 '비즈니스 클래스'로 여행하시라고 간곡한 권유도 많이 했지만, 이 회장은 그렇게 긴 비행 여행을 하면서 단 한번도 '이코노미 클래스' 외에 다른 등급으로 여행한 적이 없었다고 한다. 허리 상태가 점점 악화되어 지팡이에 의지하여 다닐 때에도 모두들 안타까워하며 '비즈니스 클래스'로 여행하도록 강권하였으나 그는 늘 사양하곤 했다. 그의 사양의 변은 항상 이러했다. "그 돈이 어떻게 모아진 돈인데, 조금만 참으면 되는 것을 그럴 수 없다".

넷째로, 또한 그는 주변에서 그를 돕는 사람들에 대한 배려와 사랑이 지극했다. 그가 '기도하는 사람'으로 널리 알려지게 되자 그를 찾아와 기도해 달라는 요청이 쇄도하기 시작했고, 그럴 때마다 매번 약속을 지켜 왔다. 이 회장과 함께 일해 본 사람이라면 하나같이 "그에게는 친절한 말, 배려하는 말, 격려하는 말, 고맙다는 말 이외에 다른 말이 따로 없다"고 말한다. 어떠한 지도자가 이러한 리더십으로 자기와 함께 일하는 사람들을 대할 수 있단 말인가. 더구나 그는 군에서 수십만 대군을 호령하던 4성 장군이 아니었던가.

이필섭 회장을 10년 동안 가까이 모셨던 어느 예비역 장교는 "그를 위해서 목숨을 바쳐도 아깝지 않은 훌륭한 지도자"라고 고백하기도 한다. 10년간 이필섭 회장 곁에서 모든 국제 관계를 도왔던 김사묵 선생을 지난겨울 미국 남가주에 있는 뮤렛다라는 이름의 아름다운 도시에서 만날 수가 있었다. 이 회장과 함께 일해 온 소감을 묻는 필자에게 김사묵 선생은 다음과 같이 영어로 대답해 주었다.

"이필섭 회장님은 참으로 성실하시고 신앙심이 깊고 지혜로우시고 사랑이 넘치고 관용과 인내심이 바다와 같은 그런 분이시지요. 저는 마음껏 그 어른을 존경하면서 10여 년 동안을 가깝게 모시고 일할 수 있게 해 주신 하나님께 늘 감사하고 찬양을 올리며 살고 있답니다(I give thanks and praise to God for showing me a man I can respect from my heart, and giving Korea such a man of integrity, faith, wisdom, love, and perseverance — a man of God)."

_ 2015년 5월 18일

제4장

그때의 감동이 미수(米壽)에도

그 선생님이 보고 싶다

북의 남침으로 부산, 진해, 마산을 제외한 남한 전역
이 공산군의 점령하에 들어가 있을 무렵이다. 당시 해군
사관학교는 전쟁 중에도 학업을 계속할 수 있었던 유일
한 교육기관으로, 우리 사관 생도들은 낮에는 교육과 훈
련을 지속하면서 저녁에는 진해 군항 방위 사명을 띠고
적의 진격을 막는 군사 작전에 임하여야 했었다.

최고급 교수진

우리들은 공부하랴, 훈련하랴, 임전하랴 눈코 뜰 새
없는 일과를 보내야 했지만 그런 중에도 큰 긍지를 가지

고 열심히 공부할 수 있었던 것은 우리들을 가르치는 교수진이 전국에서 가장 우수하고 권위 있는 교수들로 구성되어 있었기 때문이었다. 그도 그럴 것이 서울이 공산 치하에 들어가자 모든 대학이 문을 닫아야 했었고 따라서 대부분의 교수들도 서울을 빠져나 와 피난민들과 함께 남하하여 부산 등지에서 처참한 피난 생활을 겪고 있을 때 해군사관학교의 교수 모집 광고를 보고 몇백 대 일의 경쟁을 뚫고 들어온 교수님들이었기 때문이다. 기억나는 대로 몇 분을 거명한다면 물리에 권영대 교수, 박동현 교수, 수학에 김시중 교수, 영어에 채관석 교수, 이현원 교수, 송욱 교수, 김진만 교수 등등 최고급 교수들이 그 살벌한 전쟁 중에도 갈급한 우리 사관생도들의 지적, 정서적 욕구를 만족시켜 주었기 때문에 우리는 행복했었다. 내가 그리는 그 선생님도 그들 중에 한 분이었다. 대위 계급장에 군복은 입었으나 양말 없이 신은 군화에다가 15도 각도로 쓴 군모, 사시절 걷어 올린 소매에 걸음걸이는 마치 철렁거리는 파도 같기도 했다. 그의 몸짓이나 행동은 그야말로 군대 생활의 모든 규범으로부터 자유한 것이어서 통솔의 책임을 진 상관의 눈에는 거슬렸지만, 24시간 긴장 상태에 있는 우리 사관 생도에게는 그가 호연지기와 대범(大汎)의 상징적 존재가 되었다. 그 존재만으로도 피곤에 찌들고 각박해진 우리들의 마음을 늘 시원하게 해 주신 것이다.

감동을 주는 수업

그는 영어를 철학 강의하듯이 가르쳤다. 철학에 심취해서 외국어 서적을 모조리 찾아 읽다 보니 어느덧 영어를 마스터하게 됐다는 그의 말대로 그에게 있어서 영어는 어디까지나 도구이지 목적이 아님을 거듭거듭 강조하면서 가르치는 것이 다른 영어 교관과 크게 다른 점이었고 그래서 그의 수업 시간은 적어도 내게만은 꿈을 꾸듯 즐거웠다. 그가 나의 영어 공부는 말할 것도 없고 소위 EQ 함양에 크게 영향을 주게 된 것은 그의 가르침이 단지 언어학적인 차원을 초월해서 영어를 '철학적'으로 때로는 '미학적'으로 가르치는 데 있었다. 이렇게 말하면 웬만한 영어학도들은 '그게 무슨 소리야' 하고 웃어 넘겨버리겠지만 나는 여기에 완전히 황홀해질 수밖에 없었다. 따라서 그는 영어 단어 하나하나의 완벽한 발음을 고집하면서도 자연스러운 흐름, 즉 '발음'과 '억양'을 바로 하는 것을 가르쳤고 문장 또는 표현의 혼(魂)에 대해서는 늘 강조하시곤 했다. 그러니까 그는 언어학자라기보다 시인이라고 하는 것이 더 가까운 표현이 될 것 같다. 늘 언어의 진수(眞髓)를 말했고, 말의 양보다 질을 강조했고, 단어의 무작위적인 배합은 생명이 없는 표현이라 가르쳤다. 언어도 머리보다는 가슴으로 배워야 한다면서 감동을 주는 표현들을 많이 익힐 것을 권하기도 했다. 언젠가는 성경에 나오는 한 구절 "공중 나는 새를 보라"를 "Look at the birds in the sky"라고 하기보다는 "Behold the fowls in the air"라고 한 것이 얼마나 더 영감적인 표현이 되는 줄 아는가 하고 우리에게 되물었는데 그때 그의 상기된 표정을 지금도 잊지 못한다. 한번은 수업 시간에 들어와서 우리 생도들의 의례적인 인사를 받는 둥마는 둥 흑판을 향해 그저 서 계셨다. 모두 궁금해서 무슨 일이 있었기에 수업을 진행하지 않고 저렇게 서 계시기만 할까 하고 있는데 얼마 후 우리를 향한 그는 손수건을 꺼내어 눈물을 닦았다. 그리고 떨리는 목소리로 존 밀턴(John Milton)의 「실락원(Paradise Lost)」을 읽다가 너무 감동되어 눈물을 멈추지 못하고 교실로 들어오는 길이라면서 감동 받은 몇 구절을 무대에 선 연극인처럼 읊어주는 것이었다. 다시 그의 영감의 세계로 되돌아가

한참 동안 서성이시다가 약 1~2분 후에야 현실로 돌아와 예정된 수업을 계속하셨다. 결코 의도적인 행동은 아니었지만 그 교관의 이러한 분위기가 전화(戰禍) 속에 시달린 우리에게 얼마나 큰 위로와 흡족한 정서와 생명력이 되었는지 모른다.

20년 만에 만난 선생님

전쟁이 끝나고 나는 장교가 되어 장기간의 해외 근무를 마치고 귀국하여 군에서 제대를 하고 조그마한 회사를 운영하고 있었다. 해외에 나가 있을 때나 국내에 있을 때나 하루도 그 영어 선생님을 잊어 본 일이 없었다. 어디서 무얼 하고 계실까. 늘 궁금하고 만나고 싶었다. 그러나 아무리 수소문해 봐도 알 길이 없었다. 1968년경이었던가, 회사 직원들과 함께 점심 먹으러 가는 길이었다. 앞에서 남루한 옷을 입고 이발 안 한 지가 1년은 더 된 것 같은 긴 머리에 거구의 남자가 머리를 숙인 채 걸어오는데 그의 걸음걸이가 아무래도 그 선생님의 걸음걸이 같아서 혹시나 하고 가까이 가서 "혹시 ○○○선생님 아니십니까?" 하고 물었더니, 대답은 않고 나를 물끄러미 쳐다본다. "저예요, 차윤 생도. 아시지요?" 했더니 "오, 그 차윤… 알고 말고" 하는 게 아닌가. 우리는 행인들로 꽉 찬 길 한복판에서 서로 끌어안고 한참을 서 있었다. 나도 울고 선생님도 울었다. 그 후 며칠 동안 우리는 바빴다. 식사도 같이 하고, 목욕도 하고 이발도 해야 했다. 물론 기성복 집에 가서 사이즈가 큰 양복 한 벌도 새로 사 입혀 드렸다. 그리고 극구 사양하는 선생님의 고집을 꺾고 살고 계신다는 곳을 찾아갔다. 남산 입구에 자리한 판잣집이었다. 마침 사모님은 출타 중인 듯 안 계시고 겨우 비집고 들어간 방은 세 평도 안 돼 보이는데 벽에, 방바닥에, 작은 탁자 위아래에 책들로 빼곡히 차 있을 뿐 한 사람 누울 자리도 없는 게 아닌가.

하도 기가 막혀서 눈물도 나오질 않았다. (중략) 내 회사에 자리를 마련했다. 그리고 선생님을 고문으로 모셨다. 회사 직종이 영어와 관련이 많았던 고로 그 동안 사장인 내가 직접 해온 영어 관계 업무를 모두 선생님께 떠 넘기고 섭섭지 않을 정도의 월급을 드렸다. 선생님의 새로운 삶이 시작됐다. 그 후 약 2년간 나는 선생님을 매일 보고 하루 종일 이야기하고 웬만한 데는 늘 같이 다녔다. 우리가 같이 하는 것 중에 가장 즐거웠던 것은 점심식사 후에 명동 뒷골목에 즐비하게 늘어져있는 고서(古書) 책방에 들러서 웬만한 사람 눈엔 잘 띄지도 않는 값진 고서를 찾아내어 연극을 부리면서 싼 가격에 매수하고서는 승전가를 부르며 돌아오는 기쁨이었다. 당시만해도 고서에 관한 한 선생님의 손을 거쳐가지 않은 책이 별로 없을 정도로 그는 다독가이면서 한편 그의 책을 아끼고 사랑하는 모습은 연애하는 남녀가 서로 사랑하는 것보다 더하면 더했지 결코 그보다 못하지 않는 것이었다.

그의 유별난 책 사랑

선생님의 책을 다루는 모습은 참으로 특별했다. 금방 출산한 아기를 다루는 것과 같다고나 할까…. 먼저 책 커버를 어루만지고 음미한 다음, 조심스럽게 페이지를 연다. 어떤 때는 그 손이 떨리는 것을 본다. 주로 헌책을 만지다 보니 더 상할까 봐 조심하는 거겠지 했는데 몇 년 같이 다니면서 그게 아니라는 것을 알게 됐다. 뭐라고 할까…. '새로운 세계에 겸손히 첫 발걸음을 내딛는 방문자의 경건한 모습'이라고 하는 것이 더 알맞은 표현일 것 같다. 모든 책은 입수하자마자 일단 새 옷으로 갈아입힌다. 책 커버나 바인딩이 상해 있을 때는 충분한 시간을 두고 수리하고 보수하는데 그 정성 또한 놀랍다. 또 하나 특이한 것은 선생님의 표정이다. 책을 가지고 있을 때의 표정과 빈손으로 있을 때의 표정이 그렇게 다를 수가 없다. 행복에 겨운 밝은 얼굴과 허탈하고 성낸 것 같은 초조한 표정만큼의 차이니까 말이다. 선생님과 책 헌팅이나 하고 다니고 밤낮으로 철학, 문학, 시, 종교, 정치, 예술, 음악의 세계를 만유하면서 시간가는 줄 모르고 선생님의 주옥같은 말씀에 심취하다 보니 장사가 될 리가 없었다. 3년이 되던 해 마침 정부의 모 부처에서 이사관(理事官) 자리를 줄 테니까 와서 일해 달라고 해서 마음을 정하고 회사 문을 닫았는데 선생님을 어떻게 할 것인가 고민하게 됐다. 이때에 도움이 왔다. 언젠가 어느 모임에서 내가 모시고 있는 선생님의 영어 실력을 자랑한 일이 있었는데 그 말을 귀에 담아둔 친구가 내 사정을 알고 나서 자기 회사에서 그런 분이 필요하다며 그 큰 회사에서 내가 드린 월급의 두 배 이상의 보수를 줄 수 있다고 했다. 선생께서는 그 회사에서 약 5년간 근무하시다가 칠십 세 가까이 되어 은퇴하셨다.

직장을 옮긴 후에도 우리의 만남은 계속됐다. 많은 사람들이 우리의 친교를 부러워했다. 그러던 중 나는 다시 해외 근무를 해야 했고 어느 시점부터 선생님과의 연락이 두절됐다. 마지막으로 만났던 것이 1987년경이었으니까 벌써 20년이 지난 셈이다. 살아 계시다면 지금 92세나 93세쯤 되셨을 텐데 살아 계시는지 돌아가셨는지 알길이 없다. 제발 살아 계셨으면 좋겠다. 그 선생님을 다시 만나서 그 옛날 나누었던 그 이야기, 그 책, 그 감동을 다시 되살리면서 남은 생을 살고 싶다.

_ 2008년 5월 16일

잊지 못할 은사를 찾아서 1

　'독도'니 '야스쿠니 신사참배'니 해서 온 나라가 반일 감정으로 들끓고 있는 시기에 이런 이야기해서 본전이 나 찾을 수 있을까 싶지만, 요즘 우리나라의 교육 문제 가 너무나 심각하고 교육자다운 교육자를 만나기가 너 무 어렵기에, 이러한 황폐화된 교육 환경 속에서 앞으로 우리나라를 짊어지고 나갈 어린 학생들, 젊은이들을 생 각하면 앞이 캄캄해진다. 여기서 비록 일본 사람이긴 하 지만 내가 아는 참 '교육자다운 교육자' 한 분을 소개함 으로써 참다운 교육이란 때로는 시간과 공간, 국경을 초 월하는 놀라운 힘을 창출해 낸다는 사실을 증거하려고 한다.

　내가 초등학교 3학년 때이다. 그러니까 지금으로부터 63년 전 이야기가 된다. 물론 일제시대였고 당시 일본은 '내선일체(內鮮一体)'란 기치하에 한반도의 일본화(日本化)에 몰입하고 있을 때였다. 강제로 일본식 이름으로 성씨 개명을 해야 했었고 물론 학교에서 한국말 사용은 일체 허락되지 않았었다. 조회 시간에는 일본 천황이 있는 동방을 향하여 절을 했으며 국경일이나 국가적인 대사가 있을 때에는 일본의 건국 신을 모셨다는 신사에 가서 세 번 손뼉 치고 세 번 절하는 참배를 어김없이 해야 했었다.

이야기가 좀 곁으로 빠져 버렸지만, 이 당시 우리 반에 가와구치 사도시(川口惠)라는 담임 선생님이 부임했다. 호리호리한 체구에 어깨가 조금 앞으로 굽었고 얼굴은 창백했으나 독수리 같은 눈빛이 인상적이었다. 2학년 때까지 여자 담임 밑에 있었던 우리는 이 차디찬 눈을 가진 남자 선생님 앞에서 옴짝달싹 못하고 긴장할 수밖에 없었다. 그가 우리에게 가르쳐 주거나 보여 준 교육의 내용을 여기서 다 말할 순 없다. 또 그렇게 많은 말이나 내용이 있었던 것도 아니다. 다만 거짓과 옳지 않은 것에 대한 엄함이 있었으며 학생 한 명 한 명에 대한 깊은 관심과 표정에 잘 나타나지 않는 사랑이 있었으며, 상과 벌에 대한 엄격한 구분이 있었다. 체벌도 서슴지 않았다. 당시 급장(지금의 반장 또는 회장)이었던 필자도 내 개인의 잘못보다는 반 전체의 게으름이나 통솔 부족으로 수없이 매를 맞았다. 그러나 한 번도 매맞고 원망을 하거나 억울하다는 생각을 해 본 적이 없었다.

딱 한 번 매맞고 눈물을 흘린 때가 있었다. 당시 기독교 목사였던 아버지께서 신사참배 거부로 감옥에 계셨을 때였다. 일본 역사 시간에 일본의 성전(聖典)에 해당하는 책 고지기(古事記)에 대해서 선생님이 엄숙하게 말하고 있는데 '고지기'가 우리 말의 '거지'에 해당하므로 이것이 못 견디게 우스워서 나도 모르게 소리 내어 웃어버렸다. 그 때문에 눈에서 불이 나올 듯 세차게 뺨을 몇 대 맞았다. 그때 아버지에 대해서 알고 있는 선생님이 '신사참배를 거부하는 목사의 아들'인 내가 미워서 더 때린 게 아닌가 싶어서 울었다.

그런데 특이한 점이 있었다. 다른 선생님들이 많은 시간을 일본 천황에 대한 충성심, 일본이 펼치고 있는 전쟁에 대한 합리화 등에 교육의 초점을 두고 있는 데 비해 가와구치 선생님은 늘 흑판에 '마고코로(眞心)'란 두 글자를 크게 써 놓고 '인간이 인간다워야 하며, 무슨 일이든 정직하고, 성실하며, 정도를 걸어야 한다'라고 강조하는 것이었다. 이 선생님이 왜 다른 선생님들과 달리 일본의 전쟁과 '황국신민(皇國臣民)'에 대한 이야기하기를 꺼려 했는지 나중에서야 알게 되었는데, 그가 우리 담임으로 오기 직전까지 군인으로 만주 지역에서 복무했었으며 많은 일을 겪으면서 일본의 대륙 침략 정책에 대해서 회의를 느끼기 시작하였고 군대 내에서 비판의 대상이 되면서 폐병까지 얻어 결국 제대하게 되었고 그 후 교사 자격을 얻어 김해 제일공립소학교에 부임하게 된 경력의 소유자였기 때문이었다.

그의 선생님다운 모습 중의 하나는 대부분의 시간에는 한결같이 준엄한 표정과 몸가짐을 우리에게 보이다가 음악 시간만 되면 사람이 어떻게 이렇게 달라질 수 있을까 할 정도로 감성적이고 부드러워졌던 점이었다. 매력적인 바리톤 음성에 비브라토는 없으나 정확한 음정으로 노래를 부르고 가르쳤다. 때로는 노래를 부르던 중 목소리가 떨리면서 뭔가를 그리워하며 꿈을 꾸듯 노래 속에 스스로 파묻혀 버릴 때가 있었는데 그럴 때는 어린 우리의 가슴에도 그 느낌이 전달됐다. 황홀한 정서의 세계로 우리를 이끌고 가는 것이었다. 그래서인지 그가 가르친 노래는 60여 년이 지난 지금도 하나도 빼놓지 않고 기억하고 있다. 이 모든 것들이 그가 우리를 담임했던 1년 동안에 일어났던 교육자 상(像)이고 그 영향력이었으며, 또한 이것들이 10세밖에 안 된 초등학교 3학년

생이 받은 감상이고 그로 인해 남은 기억이라는 점에 내 자신이 놀라지 않을 수 없다.

가와구치 선생님 밑에서 교육받은 나의 초등학교 동창생이 서울에만 둘이 있어 가끔 만나서 식사를 한다. 한방병원장을 하는 임 군과 음악 선교를 위해 일본이나 오키나와에 자주 드나드는 유 군이다. 모두 지금 칠십이 훨씬 넘은 나이다. 이날도 셋이 모여 앉아 옛 이야기꽃을 피우는 중 가와구치 선생님 이야기가 다시 나왔다. 때가 때라서 그런지 이날 따라 모두들 그 선생님이 몹시 보고 싶다고 했다. 누가 먼저 말했는지 몰라도 선생님께서 살아만 계시다면 한 번 찾아가 볼 만하지 않느냐고 제안했다. 주소도 모르는데 일본 천지에서 어떻게 찾아야 하나 다같이 고민하기 시작했다. 최소한 일본의 북부인지 중부인지 또는 남부인지 정도는 알아야 할 것 같았다. 토론 끝에 그 선생님의 어법상 남쪽일 것이라고 결론 내렸다. 마침 유 군이 동경에 간다기에 가서 틈나는 대로 여기저기 힘껏 알아보기로 했다. 효과적으로 찾는 방법을 생각하다가 일본에는 우리나라의 도에 해당하는 것이 현이 있는데 현마다 교육위원회가 있을 것이라는 것에 착안했다. 가와구찌 선생님의 인격이나 인품이면 일본 교육계에서도 틀림없이 존경받는 교육자가 되었을 것이므로 50여 개 되는 현의 교육위원회에 전화를 걸어 보면 찾아 낼 수 있지 않겠는가 했다. 무엇보다 선생님의 생존 여부부터 알아야 할 것이기에 나이를 계산해 보았다. 우리가 10살 때 28살 정도 되어 보였으니 지금 살아 계시다면 86세가량 되셨을 것이고 일본인의 평균 수명으로 봐선 틀림없이 살아계실 것으로 결론 지었다. 유 군이 일본에 도착해서 1개월쯤 되는 날 저녁 해가 떨어질 무렵 유 군으로부터 전화가 왔다. 찾았다는 소식이었다. 홍분해서 말을 잇지 못했다. 어떻게 찾았냐고 물었더니 우리의 접근 방법이 맞아떨어졌다는 것이다. 현 교육위원회마다 전화를 걸어 선생님의 이름과 1942년에서 1943년 사이에 경상남도 김해 제일공립소학교에서 근무한 경력, 또 우리가 그의 제자이며 그 선생님을 찾고 있다는 이야기를 전화받는 직원에게 공히 전달하고 연락을 기다렸다는 것이다. 결국 전화를 받은 공무원이 그 내용으로 그 현에 속한 시, 군, 면 교육위원회에 일일이 전화를 했고 한 달 만에 나가사키현 나가사키 교육위원회로부터 가와구치 선생님이 지금 나가사키시에 살고 계시다는 것을 확인했노라고 주소와 전화번호까지 찾아주었다는 것이다. 그 공무원의 말에 의하면 가와구치 선생님은, 한국을 떠나 일본으로 귀국한 이래 20

여 개의 초, 중, 고등학교의 교감, 교장을 역임하면서 일본 교육계에서 크게 존경받는 고명한 교육자로 널리 알려졌으며, 은퇴 당시에는 고위 장학사로 추대되어 혁혁한 업적을 남겼고, 국가 최고의 포상을 여러 번 받은 뒤 명예롭게 은퇴한 분이라고 했다. 그 공무원은 찾을 수 있게 되어 자기들도 더없이 기쁘고 그 선생님을 찾는 우리들의 마음가짐과 노력에 크게 감명을 받았노라고 하더라는 것이다. 우리 셋 중에 일본어 실력이 제일 낮다는 이유로 내가 대표로 선생님께 전화를 걸었다. 카랑카랑한 목소리였다. 나의 다소 긴 소개와 전화하게 된 동기, 그간의 경과를 들은 선생님은 처음에는 어리둥절해하시더니 점점 기억을 더듬어 가면서 어찌 이런 일이 있을 수 있느냐며 놀라움과 기쁨과 감사의 말을 하고 또 하는 것이었다. 그날 이후 우리는 거의 하루 건너 선생님께 전화를 걸었다. 그때까지도 우리 개개인에 대해서는 누가 누구인지 정확히 알지 못하는 것 같았다. 그러나 날이 갈수록 기억이 되살아나면서 통화하는 시간이 길어졌고 결국 우리 셋이 선생님을 찾아가기 위해 스케줄을 맞췄다. 60여 년 전 우리의 담임이셨던 선생님을 만나러 당시 10세였던 초등학생 3명이 백발이 성성한 노인이 되어, 그것도 국경을 넘어 그리워하던 선생님을 찾아간다는 이야기는 다음 편에 계속된다.

_ 2006년 8월 18일

잊지 못할 은사를 찾아서 2

1997년 11월 28일 나와 임 원장은 동경에서 오는 유 선교사와 후쿠오카에서 만나 하카다센 기차를 타고 나 가사키로 향했다. 나가사키까지는 약 두 시간이 걸렸다. 그 두 시간은 우리에겐 꿈 같은 시간이었다. 드디어 나 가사키역에 도착했다. 비가 오고 있었다.

나가사키는 원자탄이 떨어진 곳으로도 유명하지만 근 자에 와서는 「비오는 나가사키」라는 일본 유행가 때문에 더욱 유명하다. 비가 오리라고는 전혀 생각도 못했기 때 문에 우산 파는 곳이 어디 있나 하고 두리번거리다가 들 뜬 마음과 사람들 흐름에 밀려 그냥 역 출구로 나왔다.

선생님을 제일 먼저 본 것은 나였다. 역 출구 바로 왼 쪽 처마 끝에 종이 우산 세 개를 안고 꾸부정한 허리의 노인이 서 있는데 옛날 그 모습 그대로였다. 이쪽을 향해 뚫어지게 바라보는 그 눈은 옛날 그 독수리 같은 눈빛이 틀림이 없었다. 우산 세 개를 안고 있는 것을 보아도 우리를 마중 나온 가와구치 선생님이 틀림없었다. 그러나 선생님은 우리가 가까이 다가갈 때까지도 우리들이 한국에서 찾아온 60여 년 전의 초등학교 3학년 학생인지 알아보지 못하시는 것 같았다. 내가 먼저 말을 꺼냈다. "가와구치 선생님이시죠?" 그는 깍듯한 일본어 경어로 "나가사키에 온 것을 환영합니다"라며 우리 셋을 향하여 깊은 절을 했다. 우리는 일시 당황했다. 비록 우리도 나이는 들었지만 옛날에는 제자였으니 말씀도 편하게 하시고 이러지 말아 달라고 선생님의 몸을 일으키면서 간청했다.

처음엔 서로 무슨 말부터 해야 할지 몰라서 좀 서먹서먹했지만 택시를 타고 선생님 댁으로 가면서 말문이 열리고, 선생님과 우리 셋은 뭐라 말할 수 없는 따뜻한 사제의 정을 느끼기 시작했다. 선생님이 제일 먼저 우리에게 요구해 온 것은 우리가 미리 해 둔 호텔 예약을 취소하고 자기 집에 방이 많으니 집에 와서 묵어 달라는 것이었다. 선생님께 폐가 되지 않을까 싶어 망설였지만 선생님의 뜻대로 하기로 했다. 집은 크고 넓었다. 10명이라도 충분히 잘 수 있을 만큼 2층 넓은 방(일본말로는 '야시키'라고 한다)에 짐을 풀고 목욕을 하고 편한 옷으로 갈아 입었다. 놀란 것은 일본 각지에서 아들, 딸들이 아버지를 찾아온 우리를 만나 보려고 다 모였을 뿐만 아니라 동네 아주머니들이 모두 모여 부엌에서 부산히 음식을 장만하는 모양이었기 때문이다. 일본식 대연회가 열렸다. 호기심에 가득 찬 가족들과 동네 아주머니들의 쏟아지는 눈빛을 받으면서 선생님의 환영사, 그리고 우리의 답사, 각자의 소개를 한 후 선생님에 대한 우리의 추억 보따리를 풀어놓기 시작했다. 가와구치 선생님은 자기가 뭘 했다고 이렇게 이국만리에서 찾아와주어서 이렇게 자기를 행복하게 만들어 주는지 모르겠다 하시면서 시종 눈물을 닦았다.

동네 아주머니 5명과 선생님의 사모님('옥쌍')이 정장을 하고 나와 우리를 환영하는 일본 전통 춤을 추었다. 밥상이 들어오는데, 내 일평생 이런 화려한 일본식 진수성찬은 처음 보는 것이었다. 어떻게 하면 선생님을 기쁘게 해 드릴까 생각하다가 유 군의 아이디어로 초등학교 때 선생님께 배웠던 노래를 부르기 시작했다. 한 곡, 두 곡 부르는 가운데 자꾸만 어릴 때의 기억이 아련히 되살아나서 여러 곡을 신나게 불렀고 나중에는 선생님도, 선생님의 가족들도, 아주머니들도 따라 불렀다. 60여 년 전

227

에 배운 노래를 아직도 기억하고 있는 것에 대해 모두들 놀랐다. 우리는 선생님의 가르침과 영향력이 그만큼 컸었다고 답했다.

밤이 늦도록 우리들의 이야기는 계속됐다. 동네 아주머니들과 선생님의 사모님과 동경에서 온 가족들은 물러가고 선생님과 우리 셋만 남아서 선생님이 간직하고 있던 오래된 사진을 보면서 옛날을 추억했다. 선생님은 우리에게 자기가 담임으로 있을 때 일제 식민지 교육 체제하에서 불가피하게 행할 수밖에 없었던 교육 방법이나 내용이 있었다면서 용서해 달라고 몇 번씩이나 용서를 구하는 것이었다. 우리로서는 전혀 예상치 못한 선생님의 정중한 모습에 당황하는 한편 우리 앞에서 무릎을 꿇는 그 진지함에 또 한 번 놀랐고 깊은 감동을 느꼈다. 그때 우리에게 가르쳤던 그 마고코로(眞心)로 이 선생님은 자기 일생을 살아오신 분이라는 것을 다시금 확인할 수 있었다.

밤이 늦어 잠자리에 들었는데 우리 셋 다 너무 흥분했던 탓인지 잠이 오지 않아 뒤척이고 있었다. 그때 사다리같이 가파른 계단을 누가 올라오고 있지 않은가. 누군가 했더니 선생님이었다. 우리가 깨어 있는 걸 알면 혹 우리가 잠자리가 불편해서 못 자는 줄 알고 걱정하실까 봐 모두가 자는 척하고 있는데 선생님은 우리가 깰까 조심조심 엉금엉금 다가와서 한 사람 한 사람씩 이불을 다시 고쳐 덮어 주고는 다시 조용히 나가는 것이었다. 우리는 그날 그 밤의 선생님의 그 모습, 그 마음을 생전 잊지 못한다.

다음 날 아침 식사를 마치고 나가사키 시내 관광을 나섰다. 우리끼리 시내 관광버스로 충분히 할 수 있다고 하는데도 선생님은 굳이 자기가 안내할 수 있도록 해달라고 하셨다. 허리가 15도쯤 앞으로 굽은 선생님의 건강이 염려되어 망설였지만 선생님의 확고한 결단에 못 이겨 따라 나섰다. 우리 모두에게 나가사키시는 처음 오는 곳이라서 시간적 여유가 많거나 우리끼리라면 이곳저곳 다 다니면서 구경도 하겠지만 선생님의 건강을 생각해서 유명한 곳 몇 군데만 보고 돌아가자고 의견을 모은 뒤 선생님을 설득하려 했으나 어림도 없었다. 우리의 의도와 정반대로 하루 종일 선생님의 뒤를 따라다니면서 철두철미한 설명에 귀를 기울여야 했고 결국에는 우리 셋 다 모두 지쳐서 아직도 쌩쌩하게 다니시는 선생님의 걸음을 따라가기가 힘들어질 정도가 됐다. 90세가 다 되어가는 노인인데 저런 힘이 어디서 나오는 것일까 놀라지 않을 수 없었다. 오전 오후로 나누어 웬만한 곳은 모두 구경했다. 언덕길도 왜 그리 많은지…. 더구나 보슬비를 계속 맞으면서 걷다 보니 구경이 구경이 아니라 나중엔 강행군이 되어 버렸다. 그러나 앞장서서 속보로 걸어가시는 노선생님을 보면서 우리는 옛 그 시절의 선생님의 그 활기차고 꿋꿋한 모습을 다시 보는 것 같았다. 다른 곳으로 이동할 때마다 택시를 타고 갔다. 택시를 타면 선생님은 가만히 계시지 않고 "60여 년 전 내가 담임했던 초등학교 3학년 학생들이 어디 살고 있는지도 모르는 나를 찾아 국경을 넘어 왔으니 내가 이제 죽어도 한이 없다"라고 하시며 자랑하시고 좋아하시는데 우리도 얼마나 보람되고 기쁘던지….

택시 기사가 선생님의 이야기를 들으면서 연거푸 감탄사를 발한다. 목적지에 도달해서 우리를 내려준 뒤 그 운전 기사가 갑자기 우리를 향해서 차렷자세를 하더니 "너무나 감격스러워서 존경하는 뜻에서 절을 하니 받아주세요" 하고는 깊은 절을 한 다음 자기의 성의 표시라면서 상당한 액수였던 택시비를 받지 않겠다고 하질 않는가…. 세상에.

똑같은 일이 우리가 갔던 레스토랑에서도 벌어졌다. 관광객이 많이 들른다는 큰 식당이었는데 여기서는 선생님이 같은 내용으로 아예 공개적으로 연설을 해 버렸다. 거기서 우리는 감동을 받은 식당 주인의 호의로 공짜로 식사 대접을 받고 관광객들의 박수갈채를 받았으며 모두들 다가와서 악수를 청하고 축하해 주었다. 선생님께서 식당에서 하신 공개 연설 중에, 자기가 일본에 귀국해서 그동안 20여 개 되는 학교에서 수천 명에 달하는 일본 학생들을 나름대로 최선을 다해 가르쳐 왔지만, 오늘날까지 자기를 찾아온 졸업생이라곤 단 한 명도 없었는데, 일본제국주의하에서 강제적인 교육을 했었던 자기를 증오하고 원망하는 대신 60년이 지난 오늘날까지 잊지 않고 그 멀리서 찾아준 이 '훌륭한 어르신들'을 여러분들께 소개한다고 하시면서 한국과 한국인에 대한 새로운 인식과 더불어 일본의 장래에 대해서 새삼 우려하지 않을 수 없다고도 하셨다.

은사와의 환상적인 2박 3일, 그걸 어찌 다 말로 표현할 수 있으랴. 유 군은 동경으로 돌아갔고 임 군과 나는 서울로 돌아왔다. 돌아오는 길에 노선생님 부부를 한국으로 초대하자고 마음먹었다. 가와구치 선생님 내외의 한국 방문은 이듬해인 1998년 봄에 이루어졌다. 조금 무리가 될 것 같아서 사모님께 타진했더니 우리가 선생님을 방문한 후 선생님의 건강이 많이 좋아졌으며 신기하게도 15도쯤 앞으로 굽어 있던 선생님의 허리가 약 5

도가량 퍼진 것 같다고 말씀하셨다. 사람이 기쁨과 보람이 넘치면 병도, 늙는 것도 겁이 나서 비켜간다는 어느 성현의 말씀이 진실임을 우리 가와구치 선생님의 경우에서 보는 것 같다. 서울에 오신 선생님 내외분은 나의 여식이 근무하는 고급 호텔에 묵으셨고 내 가족의 안내를 받으면서 서울의 명소를 두루두루 구경도 하셨다. 마지막 날에는 경주를 거쳐 50여 년 전 우리들을 담임했던 모교(지금의 김해 동광초등학교)를 방문하여 교장의 환영을 받은 후 아직도 시골에 살아 남아 있는 필자의 동창생들과 반가이 만나셨다. 이젠 거의 다 잊어버린 일본말로 떠듬떠듬하면서도 그 옛날의 스승과 제자의 따뜻한 정과 그리움의 회포를 풀었다. 그다음 날 선생님 내외는 못내 아쉬워하는 우리들을 향해 몇 번씩이나 절을 하며 나가사키로 되돌아가셨다.

생각하면 참 기적 같은 일이었다. 이 모든 것을 가능케 했던 것은 첫째로, 우리의 가슴속(실상은 초등학교 3학년 어린 학생의 가슴속)에 60년이 지나도록 남아 있는 선생님에 대한 존경심과 그리움이었다. 참다운 교육자의 이미지이다. 그다음엔 아마도 우리 셋의 부단한 노력도 한몫한 것이 아닌가 싶지만, 그보다는 유 군의 전화를 받고 우리의 애절함을 공감하면서 근 한 달 동안 선생님을

232

찾기 위해 산하기관에 몇십 번, 몇백 번 전화했을지 모를 현(縣) 교육위원회 공무원의 정성 덕이 크다. 그가 아니었다면 어찌 이 일이 가능했으랴. 돈 되는 일도 아니고, 특별히 출세하는 길도 아닐 텐데 별로 좋아하지도 않는 나라의 한 늙은이의 밑도 끝도 없는 부탁을 받아들여 심혈을 기울여 우리의 꿈을 이루게 해준 그 나가사끼현의 교육위원회(다른 현도 마찬가지다)의 젊은 일본 공무원을 생각할 때 지금도 나의 가슴은 뭉클해진다. 그리고 이런 공무원과 가와구치 선생님이 있는 일본에 대해서도 많은 생각을 하게 된다.

벌써 7년이란 세월이 흘렀다. 가와구치 선생님은 올해로 95세가 되나 보다. 최근에는 후쿠오카에 있는 딸네 집으로 이사를 했으며 자유스럽게 바깥출입은 못하시지만 아직도 비교적 건강하시다는 소식이다. 사모님('옥쌍') 말씀이 재미있다. 담당 의사는 선생님의 건강 상태로 보아 90세를 넘기지 못할 줄 알았다는 것이다. 90세를 넘길 수 있었던 것은 우리 때문이라고 사모님은 확신한단다. 편지 한 통, 전화 한 통이 선생님의 건강과 수명을 연장시키는 것 같다고도 했다. 감사의 뜻으로 하신 말씀이겠지만, 믿고 싶은 이야기이기도 하다.

그 나라의 국력은 그 나라의 교육으로부터 우러난다

고 한다. 진짜 교육자의 이미지는 10세의 어린 가슴에 60년이 지나도록, 아니 영원히 남는다. 우리나라에서도 이러한 존경스러운 스승과 그 스승을 그리워하고 찾아다니는 초등학교 3학년 아이들의 이야기들이 많이 나왔으면 좋겠다. 생각난 김에 가와구치 선생님께 전화 한 통 넣어 볼까!

_ 2006년 8월 22일

범세계적 합창 운동을 꿈꾼다

나는 음악인은 아니다. 그러나 음악을 사랑한다. 특히 합창 음악을 극진히 사랑한다. 왜냐면 합창 안에는 음악만 있는 것이 아니라 희생, 절제, 용서를 통한 화합의 아름다움이 있고 그 아름다움이 감동을 불러일으켜 큰 힘을 발휘하는 것을 알고 있기 때문이다. 그래서 언제부터인가 합창을 통한 세계 평화를 꿈꾸기 시작했다.

합창 올림픽과 나

2000년 3월 어느 날 독일에서 편지 한 장을 받았다. 2002년 7월에 오스트리아 린츠(Linz)서 제1회 세계 합창 올림픽을 개최하는데 한국에서도 많은 합창단이 참석해 주기를 바란다는 내용이었다. 관계인들을 만나 합창 올림픽의 취지, 행사 내용을 설명하고 참석을 권유해 봤으나, 반응이 신통치 않아, 내가 나서기로 했다. 힘겨운 국내 선발 과정을 거쳐 8개 합창단 353명과 지원단 18명을 이끌고 세계 합창 올림픽에 참가하였다. 놀랍게도 세계 60개국에서 380개 팀의 합창단 총 2만 5천 명(심포지엄 참가자 7천 명 포함)이 참가하였으며 10일간에 걸쳐 28개 종목의 500회의 공연이 있었고 갈라 콘서트 등 10회의 대형 이벤트와 마지막 날의 1만 명이 참가하는 초대형 합창 공연도 있었다. 한국 팀의 종합 성적은 60개국 중에서 16위였다. 금메달 1개, 은메달 8개, 동메달 2개였으며 아시아권에서는 중국, 인도네시아, 일본, 싱가포르에 이어 5위를 차지했다.

대회 개최에 앞서 그해 4월에 린츠에서 제2회 세계 합창 올림픽 유치 희망국 대표들의 모임이 있었다. 기자 청문회 형식으로 열린 장소에는 경합하는 5개국 대표들이 자리하였다. 미국, 일본, 독일, 싱가포르 그리고 한국이었는데 내가 제일 마지막으로 단상에 섰다. 약 10분에 걸친 나의 유치 희망 연설을 다음과 같이 요약하여 싣는다.

"21세기에는 국력 또는 국가의 품격을 판단하는 기준이 더 이상 경제력이나 군사력에 있지 않다고 생각합니다. 경제력과 군사력만을 가지고 선진국이라고 말한다면 그것은 참으로 부끄러움을 스스로 드러내는 일이 될 것입니다. 21세기의 풍요는 정신적인 풍요, 바로 아름다운 삶에 있고, 국력을 가늠하는 척도도 바로 문화력에 있다고 생각합니다. 문화가 꽃피는 나라, 모든 국민들이 예술을 사랑하고 함께 참여하는 나라가 바로 21세기의 선진국이자 복지국가라 하겠습니다. (중략) 모든 인류의 아름다운 영혼과 그들의 정신적인 풍요를 가져다줄 전 세계인의 음악 잔치인 합창 올림픽을 한국에 와서 개최하고 싶은 저의 각별한 소망은 이런 이유 때문입니다. 한국은 세계의 유일한 분단국입니다. 남북한이 모두 통일을 염원하면서도 분단의 벽은 너무나 높고 난공불락(難攻不落)입니다. 경제력이나 군사력으로 이 높은 벽을 허물기는 어려울 것 같습니다. 결국 사람의 힘만으로는 되지 않을 것 같습니다. 신(神)의 도우심이 있어야 한다고 나는 믿습니다. 그렇다면 신을 감동시킬 수 있는 인간의 용서, 절제, 화합과 찬양의 소리가 있어야 하는데 그것은 합창만이 할 수 있다고 믿습니다. 2002년에 여러분들이 한국에 오셔서 음악을 사랑하는 한국인들을 만나 노래하고 한국 문화를 즐기는 한편 세계 60개국에서 380개 팀의 합창단의 3만여 명의 참가자들이 남북한의 군사분계선이 있는 통일 전망대에 모여서 북을 향하여 한 마음으로 베토벤 교향곡 9번이나 헨델의 메시아를 대합창해 주실 생각이 없으신지요. 세계 합창 올림픽을 단순한 합창 경연 대회로 끝내지 말고, 그 위대한 힘으로 한반도의 60년 묵은 남북 분단의 벽을 허물어 주실 수 있다고 믿기에 제2회 세계 대회를 한국에서 개최하는 데 찬동해 주실 것을 갈망합니다."

준비된 연설내용을 제쳐놓고 이렇게 호소하는 나는 내가 아니었다. 눈시울이 뜨거워지면서 내 가슴도 떨렸다. 단에서 내려오는데 관계 임원들과 각국 대표들과 참석한 기자들이 일어서서 박수를 보내줬다. 내 옆에 앉아 있던 독일 대표의 눈에는 눈물이 가득 차 있었다. 이렇게 해서 한국이 제2회 세계 합창 올림픽 개최지로 확정되었다. 나중에 안 사실이지만 독일 대표가 독일 개최를 포기하고 한국을 밀어주었기 대문에 한국이 압도적으로 우세할 수 있었다는 것이다.

2002년 제2회 세계 합창 올림픽 한국 개최를 위해 나는 만사를 제쳐놓고 불철주야로 뛰었다. 그러나 내가 꿈꾸던 그런 대규모의 세계 합창제는 이루어지지 않았다. 상당한 자금이 필요했었는데 스폰서를 얻을 수가 없었다. 공교롭게도 그해에 서울에서 월드컵 세계 축구 대회가 열리는 바람에 처음 들어보는 '세계 합창제'에 돈을 댈 스폰서는 찾아보려야 찾아볼 수가 없었다. 약속한 개최일이 임박해졌다. 합창 올림픽의 국가적인 중요성을 역설하면서 정부 관계 기관들과 큼직큼직한 기업체마다 안 간 데가 없이 다 찾아가서 호소해 봤으나 허사였다. 빚은 늘어만 가고 몸도 마음도 지쳐 있을 무렵에 나를 돕고 있던 사람이 부산시가 맡아 개최할 의사가 있는 것 같다고 하기에 아무것도 따지지 않고 얼른 넘겨 주고 말았다.

제2회 세계 합창 올림픽이 한국에서 열리기는 했으나 내가 린츠에서 제1회 대회 마지막 날에 2만여 명의 참석자 앞에서 공언한 그 약속은 결국엔 지켜지지 않았다. 정확한 숫자는 알 수 없으나 예상 참석자의 반의 반도 참석하지 못했으며 공연 장소 부족으로 부산시 근방의 불교 사찰이나, 허술한 공공시설을 빌려서 거행하게 됨으로 해서 참석자들로부터 많은 불평과 불만을 살 수밖에 없었다. 참석자들 가운데 상당수가 나의 린츠에서의 '제2회 대회 한국유치성공연설'을 기억하고 '통일전망대'에서의 베토벤 9번 대합창을 연상하면서 참석했으나 크게 실망하고 돌아갔다는 말을 들었을 때 나는 가슴이 찢어지는 아픔을 느꼈다. 나는 철저한 준비 없이 세계 합창 대회를 유치한 나의 실책과 그 많은 음악인들 앞에서 공언한 약속을 지키지 못한 회한의 아픔을 안고 오늘날까지 죄인처럼 살고 있다.

합창은 신을 움직인다

그러나 그런 실패에도 불구하고 합창에 대한 내 꿈은 아직도 사라지지 않고 있다. 그 꿈은 '합창을 통한 세계 평화'이다. 오늘날의 세계는 화합보다는 분열, 평화보다는 분쟁으로 치닫고 있다. 정치도 경제도 군사도 외교도 종교도 하다못해 스포츠까지도 날이 갈수록 하나로 합해지기보다는 갈라지고 각박해지고 살벌해지는 추세에서 못 빠져 나오고 있다.

합창은 음악의 다른 분야와는 달리 누구나 직접 참여할 수 있는 참여 예술이다. 자기 혼자만의 소리로는 아름다움을 만들 수 없어 절제를 통하여 다른 사람들과 조화를 이루면서 화합의 경지에 이르게 된다. 합창은 고대로부터 모든 이들의 예술활동의 출발점이 되어 왔다.

합창은 공허한 인류의 가슴과 물질만능의 사회가 가지고 온 이기심과 개인주의와 인종차별과 편협한 민족주의로 말미암아 궁극적으로 외로워지고 있는 전 인류들을 사랑과 평화로 엮어 줄 수 있을 뿐만 아니라 신(神)을 감동시켜 새로운 역사를 창조케 하는 초자연적인 힘을 갖고 있음을 나는 믿고 있다.

이 점에서 나는 범세계적인 합창 운동을 제안한다. '내'가 '우리'가 되고 '우리'가 '저들'과 합해지면서 인종과 국가를 초월하는 합창 운동이 전개될 때, 그 속에서 웃음과 기쁨과 감동이 가슴에서 가슴으로 퍼져 나갈 때 기적이 일어난다. 세계의 나라들이 한자리에서 만나 서로를 느끼고, 나누고, 마음을 합하여 노래할 때 모든 문제들이 절로 풀리는 놀라운 역사가 이루어진다고 나는 믿고 있다.

때를 놓치고 말았지만, 금년에 행해지는 6·25 60주년 기념 사업으로 한국 정부가 6·25 참전 16개국으로부터 그 나라를 대표하는 합창대를 초청하였으면 얼마나 좋았을까 싶다. 노래로서 우의를 다지고 교류하며 한국이 가진 감사의 뜻을 전하고 최종적으로는 한국의 대표 합창단과 함께 16개국 합창단이 통일전망대나 도리산역 근방에서 한반도의 평화통일을 기원하는 대합창제를 열 수 있었더라면 얼마나 뜻있는 행사가 되었을까…. 생각하니 아쉽기 짝이 없다. 꼭 금년이 아니더라도 다른 기회에 충분히 준비해서 이 행사가 실현되기를 기대해 본다.

이 범세계적인 합창 운동이 세계 평화 달성 목적으로 존재하는 유엔을 중심으로 기획되고 조직되고 증진·확대되면 얼마나 좋을까. 유엔 사무총장이 앞장서서 이 범세계적 합창 운동 진흥에 투자하도록 빌 게이츠 같은 부호들에게 적극적인 지원을 요청하고 강대국들이 핵 개발에 쓸 자금들 역시 이 사업에 투자하도록 설득해 준다면…. 그 첫 글로벌 대회가 한국에서 열리도록 하고, 그 지구 최대의 합창 소리가 한반도는 물론, 온 세계에 메아리치면서 신세계가 전개되는 장관(壯觀)을 나는 오늘도 꿈꾸고 있다.

_ 2010년 5월 25일

"먼저 한국인이 되고 볼래요"

벌써 오래전 이야기이다. 해외 근무를 오래 해야 했던 아비를 따라다니다 보니 이 학교 저 학교 번거롭게 전학이 잦았고 그럴 때마다 새로운 환경에 적응하느라 애태우던 우리 집 큰딸 모습에 가슴이 아팠다. 그런데도 곧 잘 적응하고 공부도 잘했다. 한국 학교가 없는 나라들이었기에 미국식 교육을 받을 수밖에 없었고, 그러다 보니 미국식 가치관이 몸에 배어 가는 것을 역력히 볼 수 있었다.

한국인으로서의 의식을 고취시키느라 집안에서도 여러 모양으로 힘을 써 봤지만 큰 효과가 있는 것 같지 않았고 앞날을 걱정하는 부모의 마음은 안타깝기만 했다. 그러다가 어느덧 졸업 때가 다가왔다. 대학 진학을 걱정하는 과정에서 학교 선생들이 공부를 잘하니까 미국의

일류 대학에 보내라고 한결같이 권해 왔고 잘하면 장학
금까지도 받을 수 있을 것이라고도 했다. 그러나 부모의
마음은 무겁기만 했다. 일류 대학도 좋고 장학금 타는
것도 다 좋지만, 이제 부모의 슬하를 벗어나면 아예 외
국 사람이 되어 버리고 말 것이 뻔했기 때문이다. 내 친
구 중에도 애지중지하는 자식들을 미국에 유학시켜 놓
고 그것을 자랑하기 바쁘다가, 요즘에 와서는 자식들 데
리고 같이 사는 우리를 볼 때마다 눈물을 글썽이며 땅
이 꺼지도록 탄식하면서 후회하는 것을 본다. '고향이
그리워도 못 가는 신세'라는 유행가 가사가 있지만, '자
식이 그리워도 못 보는 신세'라면서 '이산가족이 따로 있
는가'라고 한다. 어쩌다가 한 번씩 방학을 이용해서 부모
를 찾아오는 자식에게서 부모가 기대하는 그 무엇은 해
를 거듭할수록 찾아볼 수 없고 그저 서먹하기만 하니
애써 키워 놓은 자식, 잃어버린 거나 마찬가지라고 한다.
그러나 그 친구는 돈이라도 넉넉해서 자식이 하고 싶다
는 공부나마 마음대로 시켜 주고 있으니 그게 어디냐
고 나는 말한다. 내 경우하고는 하늘과 땅 차이니까 말
이다. 장학금을 탄다고 하더라도 일류 대학일 경우 생
활비, 용돈 등 합해서 1년에 최소한도 몇만 불은 있어야
한다고 하니 공무원인 나로서는 생각조차 할 수 없는 일

이었다. 남의 속도 모르고 선생들은 틈 있을 때마다 어느 대학엘 보낼 거냐고 귀찮게 물어 대는가 하면 최상의 추천서를 써 줄 테니 안심하라고 각별한 친절을 베푸는 이도 있다. 다른 아이들은 거의 모두 진학할 대학을 정해서 학교에서 화제의 꽃을 피우고 있는데 큰딸이 '나는 어느 대학에 가게 될 거냐'고 몇 번 물어 왔으나 그때마다 조금 더 기다려 보라든가 화제를 바꾸든가 해서 결단력 없는 부모의 모습을 모면하기에 바빴다. 그러다가 갑작스럽게 귀국하라는 명령을 받게 됐다. 오랜만에 귀국하게 되는 기쁨도 없지 않았지만, 솔직히 말해서 그보다는 애들을 어떻게 할 것인가 생각하니 앞이 캄캄하였다. 졸업을 5개월 앞둔 애를 졸업만은 시키고 데리고 가야겠는데 그러려면 어린 것을 혼자 남겨 두어야 하고 맡겨 둘 만한 곳은 물론 없고, 그렇다고 해서 같이 데리고 오자니 어중간했다. 선생들 말대로 미국에 유학을 시키자니 막대한 돈이 필요한 것은 물론 그에 앞서 어린 딸자식과 생이별을 해야 할 것 같으니 도무지 어떻게 해야 좋을지 몰라서 망설이고 있던 어느 날이었다. 학교에서 돌아온 딸이 아빠, 엄마에게 할 말이 있다면서 심각한 표정을 지으며 시간 좀 내달라고 한다. 그 순간 나는 '올 것이 왔구나' 하는 생각이 들었다. 딸아이는 영어와 한국말을 섞어 가면서 이렇게 말하는 것이었다.

"엄마 아빠가 저 때문에 요즘 굉장히 고민하고 계시는 줄 알고 있어요, 특히 귀국 명령 받으신 이후로는 밤잠도 편히 주무시지 못하면서 애를 태우고 계시는 것을 제가 왜 모르겠어요? 제가 이제부터 드리는 말씀은 며칠 동안을 깊이 생각하고 결심한 것이니 제 소원이라 생각하시고 꼭 들어 주셨으면 합니다."

너무나도 결의에 찬 딸의 태도에 가슴이 뜨끔해지면서 도저히 들어줄 수 없는 말을 하게 되면 어떻게 할 것인가 조바심 내면서 들었다.

"어릴 적에는 잘 모르고 지내 왔는데 졸업을 앞두고 자꾸만 의문이 생기는 것은 '내가 누구이며, 나의 생의 가치는 무엇이며 또 어디에 있는 것인지, 앞으로 내가 무엇을 위해서 나의 지식과 경험을 바치는 것이 참으로 값 있는 삶인지' 생각하게 되었고, 그래서 제가 가장 친한 친구들과 토론도 하고 충고도 듣고 한 결과 제가 제일 먼저 해야 할 일이 제 자신의 '아이덴티티'를 찾는 것임을 깨닫게 되었습니다. 학교 선생님들은 제가 스탠퍼

드 대학 같은 미국의 일류 대학에 가길 원하시고 친구들도 으레 그러려니 생각하고 있지만, 저로서는 부모님과 함께 서울로 돌아가서 한국에 있는 대학에서 한국 사람이 되기 위한 공부를 하고 싶습니다. 엄마 아빠가 저에게 기대하는 바가 큰 줄 알고 있지만 그렇게 하는 것이 엄마 아빠를 참으로 위하는 길이라고도 생각되어 말씀 드리는 것이니 허락해 주세요."

들고 있던 나는 가슴이 뭉클해져서 한참 동안 말을 꺼낼 수가 없었다. 기특한 말이기도 했지만 어느새 내 딸이 이렇게 커 버렸나 하는 생각도 들었고 해외에서 어렵게 공부시켰지만 애쓴 보람 찾았다는 흐뭇함도 느꼈기 때문이다. 딸의 말은 이어졌다.

"아빠! 부탁 한 가지 더 들어 주셔야 해요. 제가 어릴 적부터 이 나라 저 나라 전학 다니느라고 졸업식이란 것을 해 본 일이 없어 한이 되니 이 학교만은 졸업식을 치르고 본국에 돌아갈 수 있도록 해주세요. 그리고 국어에 자신이 없어서 대학에 가더라도 좋은 성적 내기가 어려울 것 같으니 성적 나쁘다고 너무 책망하지 말아주세요."

"정말 네가 원하는 것이 그런 것이라면 물론 그렇게 해 주고 말고. 졸업식도 치르게 해 주고 성적도 너무 따지지 않을게."

좋아라 하는 딸의 어린 표정을 보면서 우리 부부는 잘 보이지 않는 눈으로 서로 얼굴을 마주보았다. 그러나, 학교에선 야단들이다. 교장 선생이 오라고 해서 갔었다. 어떻게 그럴 수가 있느냐는 것이다. 이렇게 재주 있는 딸을 왜 한국으로 데리고 가야 하는지 도무지 알 수가 없다는 것이다. 사실은 학비를 댈 수가 없어서 그렇다는 말이 잘 나오지 않았다. 본인이 원해서 데려간다고 했더니 믿지를 않는다. 나중에 딸로부터 직접 확인은 했겠지만, 선생님들의 관심은 자못 놀랄 만한 것이었다. 그 후 딸을 외지에 남겨 둔 채 우리 가족은 귀국했고 우리 부부는 그해 6월 딸 졸업식에 참석했다. 하늘색 가운을 입고 하늘색 술이 달린 사각모를 쓰고 자랑스럽게 걸어가는 우리 딸의 졸업 행렬을 바라보는 나의 눈에서는 끊임없이 눈물이 흘러 나왔다. 전례가 없다는 학교 선생님들이 베풀어 주는 송별 파티가 있은 후, 딸은 귀국하여 모 여자 대학 영문과에 입학했고 공부하는 시간의 9할을 우리말 사전 뒤적거리는 일로 다 보내다시피 하면서도 공부를 잘해 냈다. 대학교 1학년 때는 뭐가 어떻게 돌아가는지 잘 몰라 정신 없이 왔다갔다하더니 2학년 때 들어서서는 여유가 좀 생겼는지 대답하기 어려운 질문들을 이것저것 심심치 않게 집에 갖고 들어온다. 안정된 나라에서는 보기 힘든 때로는 기이하고 때로는 한심한 일들을 겪고 와서는 이것이 아빠가 말하고 배워야 한다는 조국의 현실이며 대학의 모습이냐고 따지기도 한다. 한국 사람이라면 다 지고 가야 하는 '십자가'라는 말로 어렵게 타이르긴 하나, 그처럼 주변의 만류를 무릅쓰고 철이 든 딸의 말 한마디에 얼싸 잘됐구나 하고 데리고 들어온 것이 과연 잘한 짓인지 잘못한 짓인지 때론 회의적일 때도 있었으나 그때 "먼저 한국인이 되고 볼래요" 했던 딸의 그 결심이 생각할수록 대견스럽기만 하다.

_ 2006년 9월 15일

10살짜리가 이룬 운동장의 태극기

"정병일 군은 외교관인 아버지가 동경으로 부임함에 따라 지난 여름방학 때에 서울에서 어머니와 누이동생과 함께 동경으로 오게 되었다. 일본말이라곤 하나도 모르는 상태에서 그해 9월에 동경에 있는 초등학교에 4학년으로 편입했다. 친절하게도 교감 선생과 담임 선생이 학교 수업이 끝난 후 따로 시간을 내어, 1학년 학생이 배우는 '히라가나'와 기초적인 한자 등을 가르쳐 주었다. 그해 10월이 되어 운동회가 열렸다. 만국기로 장식된 운동장에서 병일 군은 자기 나라 국기인 '태극기'를 열심히 찾았다. 숙모님이 살고 있는 서독의 국기나 아버지 친구들이 많이 있는 미국의 국기는 눈에 띄지만, 한국의 국기는 도무지 보이지 않았다. 병일 군은 슬펐다. 며칠 후 글짓기 시간에 병일 군은 한국어로 글을 지어 제출했다. 한국말을 모르는 선생님은 병일 군 집을 찾아와서 병일 군이 쓴 글 내용을 아버지로부터 번역해 받았다. 그것은 지난 운동회 때 태극기를 찾지 못했다는 가슴 아픈 사연이었다. 다음 날 선생님은 학교에서 병일 군으로 하여금 그 글을 한국말로 낭독하게 한 후, 그 내용을 일본말로 풀이해서 학생들에게 들려줬다. 반 친구들은 모두 병일 군의 심정을 잘 이해하게 되었고 '내년에는…' 하고 마음속으로 약속하였다. 이듬해 10월 6일 운동회는 다시 열렸다. 운동장에 걸린 만국기 중에는 하나도 아닌 여러 개의 태극기가 휘날리고 있었다. 가슴이 뭉클해짐을 느끼며 병일 군의 어머니는 휘날리는 태극기를 카메라에 담았고, 병일 군은 그 사진을 편지와 함께 서울에 있는 모교 친구들에게 보냈다. 열 살 난 정병일 군…. 내게는 진짜 외교관으로 여겨진다."

이것은 《아사히 신문》 조간에 '운동회에 휘날리는 한국의 태극기'란 제목으로 게재된 글을 옮긴 것이다. 필자는 일본 지바껭 후나바시(千葉縣 船橋市)에 사는 구리타 스미꼬(栗田澄子)라는 일본 여성, 발행 부수가 5백만 부가 넘는 것으로 알려져 있고 일본에서 가장 권위 있는 일간지 중의 하나인 《아사히 신문》이 이러한 좋은 글을 실어 준 것에 대해 고마움과 함께 자못 흥분한 것도 사실이지만 내게 다가오는 이 잔잔한 감동은 오히려 가짜들이 득실거리는 나와 내 국가가 처한 오늘날의 현실 속에서 순수하고 때묻지 않은 진짜를 만난 신선한 느낌이었다.

'어글리 코리안들'

정병일 군에 관한 이 기사가 몇 사람의 한국인에게 읽혔는지 알 도리는 없지만 꼭 읽히고 싶은 사람들이 있다.

우선, 몸을 깨끗이 씻고 들어가야 할 공중 목욕탕에 피부 고와지라고 콜드크림이나 로션을 온몸에 잔뜩 바르고 들어가서 욕탕을 더럽혀 악명을 높인 이들이다. 이를 견디다 못한 목욕탕 주인이 목욕탕 벽에 '한국인 부녀자에게 고함. 목욕탕에 들어갈 때에는 제발 몸에다 기름기 있는 것을 바른 채 들어가지 마십시오'라는 경고문을 붙였다. 동경 중심에 있는 그 목욕탕에는 아직도 그 안내문이 걸려 있다고 한다. 이러한 치욕적인 대접을 받으면서도 그런 일을 예사로 거듭하면서 목욕탕을 드나드는 몰상식하고 무신경한 한국인 부녀자들 중에는 어엿한 외교관 사모님, 주재상사 부인들도 끼어 있다고 하니 믿어지지 않는 한심하고 부끄러운 일이다.

그런가 하면 한국인들이 몰려 살고 있는 동경 어느 지역 아파트에서는 '한국아이들이 엘리베이터 안에서 오줌을 싸대는 바람에 지린내가 나서 못 살겠다며, 앞으로는 한국 사람들을 입주시키지 말자'고 일본인 거주자들이 집단으로 진정을 해서 화제가 되기도 했다고 한다.

또 있다. 한국 대사관이 자리 잡고 있는 동네의 어떤 슈퍼마켓에서는 세일 있는 날이다 하면 한국인 부인네들이 몰려들어 장내가 떠나가라고 큰소리로 떠들어 대는 바람에 일본인 손님들이 어이가 없어 넋을 잃고 쳐다보다가 눈살을 찌푸리고 나가 버리곤 한다는 이야기가 있다. 이 이야기는 그 동네의 일본 사람들 간에는 말할 것도 없고 한국 사람들에게도 잘 알려진 또 하나의 풍속도라고 한다. 일본의 유력 일간지가 매년 정기적으로 실시하는 일본 국민들의 타 국민에 대한 선호도 조사를 볼 때, 일본인의 절대 다수가 '한국은 일본에게 중요한 나라이긴 하지만 호감이 가는 국민은 못 된다'고 느끼고 있다고 응답한 것은 벌써 널리 알려진 지 오래된다.

진짜와 가짜

구리타 여사의 '운동회에 휘날리는 태극기'를 꼭 읽게 해서, 될 수만 있으면 반성의 자료로 삼게 하고픈 또 하나 부류의 사람들이 있다. 지금은 드문 일이라고 믿고 싶지만 국민의 피땀 어린 세금으로 모아진 국고를 축내며 홍보나 외교를 한답시고 해외에 나돌아다니며 정작 해야 할 일은 소홀히 하거나 하는 척만 하고 애꿎은 공무원 앞세워 쇼핑이나 밤거리 구경만 실컷 해 놓고도 본국에는 외교성과 컸다고 보고해 달라고 하는가 하면 귀국해서는 말짱 거짓말만 늘어놓는 얼굴 두꺼운 정치인들, 어엿이 국록을 먹는 외교관으로서 무엇이 진정 국가를 위하는 일인 줄 뻔히 알면서도 소위 '몸조심' 하느라고 직무유기 내지는 무사안일주의만을 일삼는 사람들이 바로 그러한 부류의 사람들이기도 하다. '외교'나 '홍보'하면 거창하고 요란하며 '반짝'하는 것에만 신경을 쓰거나 관심을 두는 사람들의 눈에는 그까짓 독자 투고란 모퉁이에 기재된 어느 일본 여성의 감상적인 글이 대단치 않게 보일지 모르나, 적어도 내게는 모처럼 대하는 '진짜 외교', '진짜 홍보', '진짜 한국인' 같아서 감회가 크다. 더욱 이러한 느낌을 한국 사람 아닌 일본 사람이 감격하여 전하고 있다는 사실이 내 마음을 울린다.

_ 2006년 9월 11일

동대문 시장에서 만난 우리의 한국

왜 하필 오늘, 수은주가 35℃까지 올라갈 것이라는 이 더운 날을 택해서 털실 사러 동대문 시장엘 기어이 가겠다는 건지…. '혹 더위를 먹어서 약간 좀 어떻게 된 것 아닌가'도 싶었지만 평소에 손뜨개질할 때만은 잔소리도 줄어들 뿐만 아니라 한참 열중하고 있을 때는 영감이 들어오는지 나가는지 쳐다보지도 않아 오히려 편리한 점도 있고 해서 구태여 말릴 것까지는 없다는 판단은 섰다. 하지만 아무리 그렇더라도 이게 보통 날씨더냐…. 몸까지 성하지 못한데…. 저 노친네를 그냥 내보냈다가는 큰일날 것만 같은 생각이 들어서 이 말 저 말로 말려 봤으나 그 고집 꺾을 수 없어 결국 내가 따라가기로 결심했다.

실은 모처럼의 휴일이라 친구와 약속도 있었지만 그야

말로 정상을 참작하여 오늘은 할멈과 같이 지내기로 작정하고 나서는데 눈치 빠른 마누라가 "여보, 동대문 시장까지만 데려다주고 당신 볼일 봐요" 한다. "아니야, 오늘은 내가 같이 있어 줄게. 지하철 타고 돌아올 몸 상태도 아니잖아" 했지만 속으론 '오늘 나는 죽었다. 주먹만 한 털실 하나 사려고 틀림없이 상점 다섯 군데 이상은 돌아다닐 것이 뻔한데… 그동안 나는 뭘 하고 어떻게 그 지루한 시간을 보낼 것인가…' 생각하고 있었다. 내 속마음을 벌써 읽었는지 아내가 "당신이 옆에 있으면 마음이 급해져서 아무것도 안 되니까, 오늘은 내 마음대로 좀 돌아다니게 해 줘요" 한다.

하기야 결혼 생활 45년에 소위 쇼핑다운 쇼핑을 같이 해 본 일도 없거니와 몇 번 안 되는 쇼핑도 마누라 마음에 들게 동반해주지 못한 것은 물론 부부싸움으로 끝나는 것이 통례였기에 오늘도 조금은 불안하긴 하지만 지루하고 짜증스러운 표정으로 신경 쓰게 만들기보다는 차라리 모처럼 '자유롭고 싶은 마음' 해방시켜 준다는 생각으로 그렇게 하기로 했다.

동대문 시장으로 향해 가는 차 안에서 물었다. 이번엔 뭘 또 뜨려고 이런 뜨거운 날을 골라서 성화냐고… 그랬더니 다섯 살, 첫돌인 두 손녀에게 콤비로 원피스를

짜 주고 싶다고 한다. '기가 막혀서… 그냥 시장에서 적당히 사서 보내주지, 뭘 그걸 직접 짜야 하는지… 앞으로 적어도 서너 달은 걸릴 텐데… 그 잘 보이지도 않는 눈으로…. 참 못 말리겠구먼'. 동대문 시장 입구에서 내려주고 나는 내 약속 장소로 향했다.

다섯 시간쯤 지났다. 내 볼일 보고 집에 돌아오니 할멈은 녹초가 되어 누워 있다. 그럴 것이라고 짐작은 했었지만…. 갑자기 무거운 자책감에 휩싸였다. '내가 너무 매정했었구나…. 이렇게 뜨거운데 거기가 어디라고…. '괜찮다'는 말만 믿고 팔순에 가까운 노친네를 혼자 내버려두고 더구나 그 계단이 많은 지하철을 두 번이나 갈아타게 하다니…. 내가 너무했구나…' 생각하며 미안하고 죄스러워 말도 못하고 조용히 앉아 있는데, 갑자기 죽었던 사람이 살아나듯이, 마치 꿈에서 갑자기 깨어난 사람처럼 일어나 앉더니 쏟아내는 말은 이랬다.

"실 가게, 종이 가게, 옷감 가게, 단추 가게를 실컷 돌아다니면서 그 좁고 불편한 바닥에서 지칠 줄을 모르고 땀 흘리며 일하는 사람들을 보고 있노라니까 이 사람들이야말로 참으로 이 나라를 지탱하고 있는 진정한 애국자라는 생각이 들지 않겠소. 이런 사람들이 있어서 하나님이 이 망조가 들어도 한참 든 이 나라를 봐주시는 것 같은 생각이 드는군요."

평소 나랏일이나 정치에 대해서 별로 관심이 없는 사람이기에 더구나 오늘 같은 날 원망의 소리를 퍼부을 줄 알고 대기하고 있던 나는 이런 말이 나올 줄은 상상도 못했기에 멍하니 경청하고 있을 수밖에 없었다. 그러고 보면 지난 며칠 동안 마누라가 유별나게 TV에 방영되는 청문회 장면을 집중해서 보는 것 같았고 이따금 "어떻게 저렇게 뻔뻔할 수 있어요, 여보"라든가 "우리나라에 좀 정직하고 때 묻지 않는 사람은 아예 없는 걸까요?"라고 말하곤 했었다.

오늘 동대문 시장엘 갔다 오더니 그곳에서 보는 한국 사람과 TV에서 보는 한국 사람들의 생활하는 모습의 격차를 보고 충격을 받은 것이 틀림이 없는 것 같다. 단추 하나 팔아 봐야 몇십 원 남기지도 못하는 걸 가지고 손님 왔다고 반기며 정성을 다해 설명하고, 자랑도 하고 좋아라 하는 순박하고 낙천적인 그들을 보았단다. 분명히 경쟁자들일 텐데도 네 것 내 것 따지지 않고 스스럼 없이 교환하는가 하면, 삼삼오오 모여 소박한 점심을 같이 먹는 장면, 쉴 새 없이 손 놀리지 않고 할 일을 다 해 내는 부지런한 털실 가게 아줌마들, 휴일인데 남들처럼 놀러 가지 않고 어머니 도와주려고 가게에 들른 대학생 아들의 효성 어린 몸놀림, 그리고 그 아들 보며 행복해하는 어머니의 자랑스러운 표정을 본 것이다.

한편, 아내는 내가 허락한 '여유' 때문에 이것저것 별 구경 다 하고 특히 수십 가지, 수백 가지의 크고 작은 보석같이 아름다운 단추들을 보고 너무 황홀해서 시간 가는 줄 모르고 이것저것 만지작거리고 있었단다. 주인 아줌마는 얼른 보기에 점잖아 보이고 물건을 대량으로 살 것같이 보였던지 각별히 친절을 베풀다가 근 한 시간 후에서야 팔아 준 것이 두 손녀에게 줄 원피스에 쓸 단추 10개를 사겠다고 나서는 할머니를 보고 기가 막혀했단다. 그러나 마음에 드는 단추를 찾았다고 어린아이처럼 좋아하는 할머니의 모습을 오히려 신기하게 바라보며 또 와서 구경 실컷 하시라고 다정하게 인사까지 하더란다. 그런 얘기를 늘어놓은 아내는 많이 피곤했지만 성공적인 쇼핑과 함께 모처럼 생기를 받고 돌아온 기분이라고 만족해하는 것이 아닌가.

요즘 청문회에서 보는 한국이 한국의 전부인 줄 알고 비관만 해 오던 마누라가 동대문 시장 한 번 갔다 오더니 저렇게 좋아하며 생기가 돌게 될 줄이야. 어느 쪽이 진정한 한국이냐고 다시 묻기에 청문회 보면서 느끼는 한국은 아마도 10%도 안 될 것이 분명하고, 그들이 옷도 잘 입고, 말도 잘하고, 잘난 체하지만 사실은 부지런하고 소박하고 성실하고 낙천적인 나머지 90%의 믿음직한 참다운 한국 사람들을 믿고 까불고 망나니 짓을 하고 있는 것이니 그렇게 알고 너무 걱정하지 말라고 말했다. 그리 말하긴 했지만, 속은 찜찜하기 짝이 없다.

아무튼 오늘 우리 집 할멈, 동대문 시장에 혼자 보내어 고생은 시켰지만 뜻밖의 수확이 컸다 싶었다.

_ 2010년 8월 25일

사람 울린 낡은 냉장고

우리 집에는 내가 해외 근무할 때 사서 지금까지 쓰고 있는 양문 냉장고가 있다. 1980년에 샀으니 그럭저럭 27년간 사용한 셈이다. 오래된 것이지만 별 탈이 없어서 국내외로 몇 차례 이사를 자주 했으면서도 꼭 가지고 다녔으니 정들기까지 했다고 말할 수 있겠다. 물론 집사람 입장에서 그렇다는 말이다. 특별히 문제가 없었기에 나로선 무관심했던 것이 사실이지만 이사할 때만은 한 번씩 "이 냉장고 바꿀 때가 된 거 아니야?"라고 운을 띄워 봤고 집사람 대답은 으레 "아직 멀쩡한데요 뭐" 하고 지나쳐 버리는 것이었다. 내가 말을 꺼낸 것도 꼭 바꿔 주고 싶어서 그랬다기보다는 체면상 한 말이었다는 것이 더 정확할 것 같다. 만일 집사람이 "짐도 되고 너무 오래 썼고 유행도 많이 달라졌는데 바꿔도 되지요?"라고 했었더라면 나로

선 아마도 "아무 탈 없다면서 바꾸긴 무엇 하러 바꿔!"라고 했을 것이 틀림 없을 것이다.

헌것 오래 쓰면 죄인 취급?

아무튼, 그렇게 그렇게 하면서 잘 썼는데 금년 들어서 냉장고에 문제가 생기기 시작했다. 냉장고 안을 비춰 주는 전등이 나가 버려 컴컴해졌고 거기다가 온도 조절계가 듣지 않아서 냉장실과 냉동실의 차별화가 되지 않아서 냉장실에 들어갈 것에는 수건을 덮어 놨는데 냉장고 열 때마다 꼴이 말이 아니다. 참다 못한 집사람이 드디어 새것을 사 달라고 했다. 나도 그러자고 했다. 그런지 벌써 몇 달이 지났는데도 퇴근해 보면 우리 냉장고는 여전히 그대로 그 자리에 서 있는 게 아닌가. 여태 뭐하고 있었는가 하고 물으니 혹 A/S가 될까 싶어 여기저기 알아보고 있다는 것이다. 전화를 해 보기도 하고 직접 찾아가 보기도 했는데 그동안의 결과를 요약하면 다음과 같단다. ① 배보다 배꼽이 클 것이니 차라리 새것을 구입하라는 반응 ② 그렇게 오래된 것은 수리 못 한다는 반응 ③ 부속을 구할 수 없어 못 한다는 반응 ④ 사무실을 비울 수 없어 못 간다는 반응 ⑤ 수리하러 온다고 해놓고 나타나지 않은 케이스 두 번 등이었다. 모두 다 일리 있고 충분히 예상할 수 있는 반응이어서 특별히 놀라지는 않았으나 가장 힘들었던 것은 이들의 말투와 태도였다는 것이다. 한참 이야기하다 보면 수리 부탁한 사람이 몰상식하고, 시대에 뒤떨어진 것 같고, 돈이 되지도 않는 일로 사람 귀찮게 하는 사람같이 느껴져서 완전히 죄인이 되어 버린 것 같은 심정 상태에 들어가 버린다는 것이다. 듣는 나도 울화가 북받쳐 소리를 질러 버렸다, "새것 사라고 한 지가 언젠데, 누가 그런 짓까지 하라고 그랬나, 괜히 긁어 부스럼, 자기가 사자고 해놓고… 바보같이… 당장 오늘 나가 사버려!" 했다.

새것만 찾는 소비 문화

그날이 토요일이었다. 오늘은 무슨 일이 있더라도 같이 나가서 새 냉장고를 사자고 약속하고 집을 나서려고 하는데 집사람이 종이 쪽지를 하나 꺼내면서 마지막 한

264

군데만 더 알아보고 안 된다고 하면 바로 사러 가자고 한다. 시간 낭비일 거라고 이젠 그만하고 가자고 하는데 이상하게 요지부동이다. 하는 수 없이 따랐다. 그리고 어디론가 전화를 거는데 여전히 죄지은 사람같이 조심조심 전화를 건다. 또 그 불필요한 냉장고 역사를 다 끄집어 내어 말하는 걸 보고 나는 벌써 퇴짜맞았을 거라는 확신이 서서 옷을 갈아입기 시작했다. 그런데 웬걸, 통화가 길어지고 집사람의 표정이 밝아지기 시작했다. 찾아온다는 약속을 받았다는 것이다. 그러나 나는 이번에도 또 공칠 거라고 포기하는 것이 좋을 거라고 했다. 나도 오늘밤에 시간이 나지 않을 것이니 그냥 나가자고 했으나 이번이 정말 마지막이라면서 기다려 보겠다고 고집한다. A/S 기사가 우리 집에 찾아오겠다는 그 시간에 물론 나는 집에 없었다. 오후 3시쯤 돼서 궁금한 마음에 집에 전화를 걸었다. 전화를 받은 집사람이 울먹거리고 있지 않는가. 순간 나는 또 당했구나 싶었다. 얼마나 속이 상하면 울기까지 할까 하는데, "여보, 나 너무 행복해…. 이렇게 행복해 본 거 처음이야…. 천사 같은 사람이 와서 모든 걸 다 고쳐 놓고 천사 같은 말만 하고 갔어. 믿을 수가 없을 정도야!"

'천사 같은 A/S 기술자'

다음은 내가 집에 돌아와서 집사람으로부터 들은 자초지종 이다.

20대 중반쯤 되는 청년이 도구 상자를 들고 들어와서 냉장고를 보더니 이렇게 오래된 냉장고, 특히 그린색 냉장고는 처음 본다면서 "그래도 깨끗하게 쓰셨네요" 했단다. 냉장고 안에 끼워 넣을 전구를 갖고 오긴 했지만 자기가 갖고 온 전구는 하나에 만 원씩 하는 비싼 것인데 110V 전구가 있으면 국산 것으로도 대처할 수 있다면서 혹 집에 있는지 물었다. 없다니까 가지고 온 것으로 냉장고 내부를 환하게 밝혀 주었다. 잠깐 동안 여기저기 만지더니 온도계도 깨끗이 고쳐 놓고, 덜덜거리며 소리가 나던 것도 감쪽같이 잠잠케 하면서 냉장고가 변화돼 가는 것을 놀란 표정으로 보고 서 있는 집사람에게 "이렇게 오랫동안 깨끗이 쓴 냉장고는 처음 봅니다. 대단하십니다"라고 했다. 너무 고마워서 커피를 끓여 내놓고 잠시 마시고 하라고 했는데 고맙다면서도 손도 대지 않고 작업만 계속했다. 일을 다 마치고 집사람이 "우리 영감이 자꾸만 새것 사줄 테니 너무 애태우지 말라고 하는데, 앞으로 얼마나 더 쓸 수 있겠어요?"라고 물었더니

"웬만한 부품은 저희가 다 갖고 있고 혹, 지금 당장은 없더라도 본사를 통해 언제든지 구할 수가 있으니 안심하시고 오래오래 쓰십시오" 했단다. 얼마를 드려야 하는가 물었더니 전구 2개 값 포함해서 37,000원이란다. 내가 애초 출장비가 비쌀 것이라고 했고 출장비까지 다 합해서 20만 원 이하면 고쳐 볼 만하다고 한 말이 기억났던 아내가 "출장비까지 합하면 얼마예요?"라고 다시 물었더니, 출장비까지 합한 것이 그 액수란다. 40,000원을 주면서 잔돈은 가지시라고 했는데 그러지 말고 37,000만 줬으면 좋겠다고 한다. 잔돈이 없다고 했더니 자기가 바꿔 오겠다고 하기에 잠깐 기다리라고 하고 백 원짜리 모아 놓은 저금통을 털어 액수를 맞춰 줬단다. 하도 고마워서 이름과 개인 전화번호를 달라고 했더니 그는 회사 규칙 때문에 그럴 수 없다고 처음으로 상냥히 웃으면서 거절했다. 그리고 그는 감동받아 서 있는 집사람을 뒤로하고 종종걸음으로 우리 집을 나갔다는 것이다. 그가 서울에 있는 GE회사의 A/S 센터에서 보내온 기술자라는 것 외에는 아무것도 아는 것이 없다고 집사람은 말한다.

파는 것도 중요하지만…

우리 집사람이 눈물까지 흘린 것은 내 생각엔 아침 내내 긴급 뉴스에 미국 버지니아 대학의 학생과 교수 33명을 총격 살해한 범인이 한국 국적의 젊은 학생이라는 소식에 충격을 받고 절망 상태에 빠져 있던 참에 지구 반대편에서는 이렇게 희망을 보여 준 한 한국 청년 기술자로부터 또 다른 신선한 충격을 받고 그 희비 감정의 기복이 벅차게 다가왔기 때문이 아닌가 싶다. 너무 다른 두 청년의 모습에 마음 약한 집사람이 눈물까지 흘리게 된 것이 아닌가 추측해 본 것이다. 사실 따져보면 눈물까지 흘릴 일도 아니다. 매우 평범하고 당연한 일이다 그런데 어떻게 이런 당연한 일 하나가 한국의 어느 주부의 눈에 천사같이 보여지고 감격해서 눈물까지 흘리게 만드는 것일까. 이렇게 당연하고, 정상적이고 상식적인 일들이 우리 사회에서 얼마나 드문 일이기에 저렇게 행복함을 느끼게 된 것일까. 어느 쪽이 정상이고 어느 쪽이 비정상적이란 말인가. 한국 내에서 어떤 회사는 직원들을 이렇게 교육시키고 다른 회사는 왜 백날 가도 그 모양 그대로인가. 길게 봐서 어느 쪽이 흥하고 어느 쪽이 망할 것인가. 별 생각을 다 해 보게 되었다. 지금도 집사람은 냉장고를 열어 보고 서 있다.

_ 2007년 4월 20일

옛 동산을 잃어버린 노부부의 낭만

7월 4일은 미국의 독립기념일이기도 하지만 우리 부부에게 있어 특별한 날이다. 우리가 첫 데이트를 한 날이기 때문이다. 때는 1962년이고 곳은 미국 시애틀이다. 둘 다 유학생이어서 미국의 공휴일인 그날을 택해서 교외로 드라이브하기로 했다. 곳곳마다 미국 성조기가 휘날리고 미국의 독립기념일을 축하하는 현수막이 펄럭였다. 좀 긴장해 있던 탓인지 둘 다 별 말이 없이 넓은 고속도로를 북쪽으로 달리기만 했다. 좁아진 길에 들어섰을 때 유별나게 큰 현수막이 바람에 못 이겨 밑 매듭이 풀어지면서 접히는 바람에 거기 써 있는 글귀가 보였다 안 보였다 했다.

답답한 분위기를 깰 목적이었겠지… 옆에 있던 미스 정이 느닷없이 현수막에 쓰인 영어 문장을 따라 읽는다는 것이 'July 4th'를 '쥴리포-스'로 읽었다. 웃음이 나오려고 했지만 그럴 수 없어 참고 가만히 있노라니까 자기도 민망했던지 다시 고쳐 읽고서는 어쩔 줄 몰라 하는데 그 자태가 내게는 오히려 이뻐 보였다. 이것이 계기가 되어 그녀는 2년 후 한국에 나와서 결혼하기에 이르렀고, 지금 46년째 살고 있다.

그날 이후 7월 4일은 우리에겐 어디까지나 '쥴리포스'요, 어느 면에선 결혼기념일보다 더 의미 있는 날이 되고 말았다. 아무리 어렵고 힘겨워도 이날만은 꼭 챙겨서 이벤트로 지켜온 터이다. 외국 생활할 때는 물론이고 서울에 사는 동안에도 이날이 오면 의례히 가까운 워커힐 호텔에 가서 한강이 내려다보이는 아름다운 경치를 감상하며 와이프가 좋아하는 '드라이마티니' 한 잔을 시켜 놓고 고품질의 식사를 한 다음, 추억에 어린 옛 노래를 밴드로 하여금 연주케 하고 같이 흥얼거리다가 춤추기 좋은 곡이 나오면 누가 보든 말든 앞에 나가 슬로 댄스를 즐기곤 한다. 그렇게 해 온 지 어언 20년이 된다.

그런데 몇 년 전부터 이 호텔, 이 스카이라운지의 춤추는 공간이 점점 좁아지더니 금년에는 아예 테이블을 밴드가 있는 무대 바로 앞 까지 바싹 붙여 놓고 있어 춤추는 공간은 고사하고 발 디딜 자리까지 없도록 해 놓은 것이 아닌가. 내가 "춤은 여기서는 추지 말라고 하는 모양이니 그만둡시다" 했더니 아내가 "춤 안 추면 의미가 없어요"라면서 "작년에 우리가 왔을 때도 춤출 만한 공간이 없었는데도 우리가 슬로 댄스를 췄잖아요. 그리고 그 자리에 있던 손님들이 모두들 박수까지 쳐 준 것 기억 안 나요?" 한 번 나가나 봅시다"라고 했다. 밴드 무대 옆 손바닥만 한 공간을 찾아서 춤출 자세를 취하려는데 젊은 웨이터가 다가오더니 "여기선 춤을 추실 수 없습니다" 한다. "춤이라기보다 그냥 한자리에서 음악에 맞추어 흔들흔들 하기만 할 텐데, 그래도 안 됩니까?" 했더니, 역시 안 된단다. 자리에 돌아왔다. 그렇잖아도 예민한 집사람의 표정이 예사롭지 않게 변했다. 필요 이상으로 비관하는 것 같아서 추억의 노래라도 들으면 위로가 될까 싶어 웨이터를 다시 불러 희망곡을 주문하게 위해 펜과 메모지를 갖다 달라고 했다. 그런데 "신청곡 주문도 못 하게 되어 있습니다" 하면서 미안해한다.

고집 센 미친 늙은이들로 보일까 봐 그 웨이터에게 우리의 7월 4일의 의미 그리고 우리가 지난 20여 년간 이 날이면 꼭 여기 와서 식사하고 희망곡도 주문하고 춤도 추고 손님들의 박수까지 받고 행복했었다는 이야기를 해 줬더니 감동을 받은 양 죄송해서 어쩔 줄 몰라 한다.

이 웨이터에게 무슨 잘못이 있으랴 생각하고 자리를 뜨려고 하는데 어느새 소문이 돌았던지 우리 테이블 담당 아가씨가 투명 포장지로 포장한 빨간 장미 두 송이를 우리에게 주면서 말했다. "죄송한 마음과 할아버지, 할머니의 첫 데이트 47주년 기념일을 진심으로 축하하는 마음에서 이 꽃을 선사합니다" 하면서 머리 숙이는 그 모습이 너무도 고맙고 진지해 보여 서러워지려고 하는 섭섭한 생각을 접을 수 있었다. 20년 동안 7월 4일이면 꼭 찾아와 즐겨 왔던 추억의 그 자리를 한결 가벼운 마음으로 뜰 수 있었다.

극히 사적인 필자의 생활 단면을 노출시키는 것 같아서 많이 망설였지만 이 이야기가 '밥깨나 먹고 사는 어느 늙은이의 시대착오적인 사치스러운 푸념'으로만 받아들여지지 않기를 바라는 마음 간절하다.

_ 2009년 7월 8일

함병춘 박사와 나의 만남

1983년 일본 동경에 있는 한국 대사관에서 외신 담당 공보관으로 근무하고 있을 때였다. 내가 주로 하는 일은 동경에 주재하고 있는 수백 명에 달하는 외신 기자들과 항시 접촉하면서 그들이 본국에 보내는 한국에 관한 기사가 우리에게 부정적이거나 불리한 기사가 되지 않도록 필요한 자료를 때에 맞추어 제공한다든지, 수시로 만나서 한국에 대한 좋은 이미지를 심어 준다든지, 그중에서도 세계적으로 영향력이 큰 미디어에 대해서는 개인적으로라도 각별히 친밀한 관계를 유지한다든지 하는 것이었다.

그때만 해도 청와대나 정부의 외신들의 한국 보도에 대한 기대치가 너무 높아서 외신 기자들의 눈에는 70:30 정도로 유리하게 쓴 기사라 할지라도 우리 정부로서는 오히려 우리에게 불리하게 쓴 기사로 분류하여 해당 기자의 방한(訪韓) 취재를 불허하거나 공보관으로 하여금 해당 기자로부터 해명 또는 사과 서한을 받아내도록 하는 어처구니 없는 대외신 과민반응을 보였다. 그 때문에 직무수행이 불가능함을 느낄 때가 한두 번이 아니었다.

이 점에서 1983년은 다른 어느 해보다도 불리한 이슈가 많이 발생하였고, 따라서 반한 기사들이 들끓게 되자 정부도 대책을 강구하고 건의하라는 지시를 내렸었다.

확신을 갖고 건의한 것은 아니었지만, 내 개인의 힘과 성의만 갖고는 도무지 감당하기가 어려워서 일본 정부 각료 및 언론을 포함한 세계 주요 외신들 약 600명의 동경 외신 클럽 회원들 앞에서, 정부의 새 정책과 미래의 비전을 설득력 있게 설명할 수 있는 유능한 인사를 동경에 보내 주도록 건의하였다. 누가 좋은가고 물어왔기에 함병춘 대통령 비서실장, 김경원 고려대 교수, 김재익 경제수석비서관 이 세 사람 중에서 누구든지 와 주면 좋겠다고 답했다.

함병춘 실장과 김경원 박사는 내가 통일원에서 정치외교정책 담당관으로 근무하고 있을 당시 통일문제 연구관으로 있던 인물들이다. 그들의 인격과 능력은 1970년 워커힐 호텔에서 열린 통일원 주최의 '한국 통일 문제에 관한 세계 학술대회'를 주관하는 등 많은 일들을 함께하면서 충분히 감지한 바 있고, 김재익 수석은 당시 '경제 대통령'이라는 별명이 붙을 정도로 국보적인 존재였기에 모르는 사람이 없었다. 지시가 내려오기를 함병춘 비서실장이 가게 될 터이니 행사 잘 준비하라는 내용이었다.

준비 과정은 예상외로 힘들었다. 그러나 결과는 예상외로 성공적이었다. 함병춘 실장의 유연하고 믿음이 가는 인품과 설득력 있는 화법은 물론이고 특별히 그의 출중하고 흠잡을 데 없는 고급 영어 실력에 압도당한 듯 모두가 "감동적이었다"라고 내게 말해 주었다. 본질적으로 까다롭기 짝이 없는 청중이었음을 감안했을 때 내가 처음 겪는 '희귀'한 광경이었다. 그들의 반응을 한마디로 요약하자면 "저런 훌륭한 인물이 대통령 비서실장으로 있는 한 한국의 장래는 기대해 볼 만하지 않겠는가"라는 것이었다.

행사를 잘 마치고 귀국하는 전날 저녁을 같이하는 자리에서 함 실장이 느닷없이 내게 이런 말을 꺼냈다. "여기 일도 중요하지만, 청와대에 와서 나를 좀 도와주면 좋겠는데, 어떻게 생각하세요?"

일이 힘들어서도 그렇지만 9년째 들어가는 해외 생활,

이제는 그만했으면 하는 생각이 없지 않았고 한편, 공무원이 된 이 마당에 청와대에 가서 내가 가진 능력 한 번 제대로 발휘하고 끝내고 싶은 잠재 욕구도 있었던지라 "제가 도움이 되신다면 한 번 열심히 해 보겠습니다"라고 말해 버렸다. "귀국하자마자 곧 발령을 내도록 하겠으니 미세스 차더러 짐을 싸기 시작하라고 하시지요"라고까지 하셨다.

집에 가서 그대로 전했더니 와이프가 오랜만에 얼굴이 환해진다. 묵은 살림을 싸려면 많은 신문지가 필요하다기에 사무실에 쌓여 있는 '구문지', '신문지' 할 것 없이 왕창 차에 싣고 가서 넓지 않는 방바닥에 쏟아 놓았다.

밥그릇, 냄비, 여기저기서 사 놓은 물건들, 적고 큰 가구들, 내버리기는 아까운 잡동사니들. 집사람은 며칠 밤을 새워 가며 짐을 쌌다. 보통 때 같으면 벌써 지쳐 쓰러졌어야 할 사람이 어떻게 저럴 수가 있나 놀라지 않을 수 없었다.

일주일이 지나고 짐은 큰 덩어리만 놔두고 거의 다 싸 놓았는데 놓아 둘 곳이 마땅치 않고 보니 집 식구들의 출입이 불편했다. 그러나 아무도 불평하는 식구는 없었다. 2주일이 지났다. 소식이 없다. 전화를 해 볼까 했지만 기다리는 것이 좋겠다고 생각했다. 일이 손에 안 잡

히기 시작했다. 집사람이 묻는다. 어떻게 됐느냐고. 아무 말도 할 수 없었다. 한 달이 조금 지난 어느 날 함 실장한테서 전화가 왔다. 예상대로 나쁜 소식이었다. 함 실장 뜻대로 되지 않았다는 내용으로 다음 기회를 기약하면서 분에 넘치게 미안해했다. 함 실장에게 오히려 내가 더 미안한 마음이어서 너무 걱정 안 하셔도 된다고 도리어 위로의 말을 건넸다. 내 표정을 보고 짐작을 했는지 집사람은 대답을 못하는 내 앞에서 종이처럼 쓰러졌다.

군대 생활, 공무원 생활을 겪으면서 비슷한 일들을 한두 번 당한 것이 아니었기에 나의 심적 회복은 의외로 빨랐다. 그러나 집사람은 그렇지 못했다. 그때 얻은 병이 오늘날까지도 지속되고 있어서 안타까울 따름이다.

일주일이 지난 어느 날 캐나다에서 근무하고 있던 이재관 공관이 동부인하여 내 사무실로 찾아왔다. 귀국일에 인사차 들렀다고 하면서 무슨 죄 지은 사람처럼 '죄송하다'는 말을 골백번도 더 하는 게 아닌가. 사유인즉, 청와대에 내가 갈 자리에 자기가 뜻밖에 발령을 받고 가게 돼서 죄송하기 짝이 없다는 것이었다. 이재관 공보관은 평소 내가 너무나 좋아하고 존경하는 후배 공보관으로서 품격이나 실력이 뛰어나 언젠가는 같이 근무하기를 원했었다. 점심을 같이하면서 진정으로 축하하고 나에게 죄송해할 이유가 전혀 없음을 거듭 강조했으나, 그는 아랑곳하지 않고 "하필이면 존경하는 선배님과 경합이 되어 죄스럽기 짝이 없다"는 말만 거듭하고 귀국길에 올랐다.

그리고 한 달 반이 지났다. 나는 집사람의 도움 없이 오랜 시간에 걸쳐 짐을 다시 풀고 밤낮을 가릴 수 없이 바쁜 업무 덕분에 '청와대 꿈'은 다 잊은 채 맡은 일에 몰두할 수 있었다.

그리고 1983년 10월 9일 오전 10시 28분(한국 시간 낮 12시 58분) 전두환 대통령의 서남아 대양주 6개국 공식 순방 첫 방문국인 버마(현 미얀마)의 아웅산 묘소에서 북한군 경찰국 특공대 소속의 3명의 특공대원이 감행한 폭파 사건으로 우리나라의 고귀한 인재 17명이 한꺼번에 순직하는 대형 참사에 대한 보도를 접하게 된 것이다.

순직한 수행원 중에는 나를 청와대에서 일할 수 있도록 길을 열어주려고 애쓴 존경하던 함병춘 대통령 비서실장과 내 대신 청와대에 가게 되어 죄송하다고 머리를 들지 못하던 내가 무척 좋아했던 이재관 공보비서도 끼어 있었던 것이다. 나중에 알게 된 일이지만 함병춘 실장이 청와대에서 나를 필요로 했던 건 대통령의 서남아 대양주 6개국 순방을 위한 사전 준비 업무를 염두에 두었기 때문이었다. 결국 나 대신 이재관 비서관이 그 일을 맡아 수행했지만 말이다.

지금도 10월이 오고 아웅산 사건 이야기만 나오면 나는 이 두 분이 나로 인해서 나를 대신해서 희생된 것이 아닌가 하는 생각에 말할 수 없는 비통함을 느끼곤 한다.

삼가 고인의 명복을 빕니다.

_ 2013년 12월 9일